职场领导力系列

营造好环境

掌握道德领导力与维护职场环境

〔美〕保罗·法尔科内（Paul Falcone）　著

文思遥　译

中国原子能出版社　中国科学技术出版社

·北　京·

Workplace Ethics: Mastering Ethical Leadership and Sustaining a Moral Workplace / ISBN: 9781400229970
Copyright ©2022 Paul Falcone.
Published by arrangement with HarperCollins Leadership, an imprint of HarperCollins Focus, LLC.
Simplified Chinese edition copyright © by China Science and Technology Press Co., Ltd and China Atomic Energy Publishing & Media Company Limited
博達著作權代理有限公司
ALL RIGHTS RESERVED
北京市版权局著作权合同登记　图字：01-2022-6672。

图书在版编目（CIP）数据

营造好环境 /（美）保罗·法尔科内（PaulFalcone）
著；文思遥译 . — 北京：中国原子能出版社：中国科
学技术出版社，2024.1
　书名原文：Workplace Ethics: Mastering Ethical
Leadership and Sustaining a Moral Workplace
　ISBN 978-7-5221-2917-4

　Ⅰ . ①营… Ⅱ . ①保… ②文… Ⅲ . ①人力资源管理
Ⅳ . ① F243

中国国家版本馆 CIP 数据核字（2023）第 165215 号

策划编辑	贾　佳　　牛岚甲	**文字编辑**	贾　佳	
责任编辑	付　凯	**版式设计**	蚂蚁设计	
封面设计	创研设	**责任印制**	赵　明　　李晓霖	
责任校对	冯莲凤　　邓雪梅			

出　　版	中国原子能出版社　　中国科学技术出版社	
发　　行	中国原子能出版社　　中国科学技术出版社有限公司发行部	
地　　址	北京市海淀区中关村南大街 16 号	
邮　　编	100081	
发行电话	010-62173865	
传　　真	010-62173081	
网　　址	http://www.cspbooks.com.cn	

开　　本	787mm×1092mm　　1/32	
字　　数	85 千字	
印　　张	6.5	
版　　次	2024 年 1 月第 1 版	
印　　次	2024 年 1 月第 1 次印刷	
印　　刷	北京华联印刷有限公司	
书　　号	ISBN 978-7-5221-2917-4	
定　　价	59.00 元	

序

在工作中判断对错并不是那么容易。做出合乎道德伦理的决定，可以帮助你在困难的情况下找到正确解决问题的办法。从本质上讲，道德是引导人们追求至善的方向，可帮助你排除错误的选项，做出正确的选择。不过事实上，道德的作用远不止于此，它在职场上具有重大意义。例如，道德伦理可以监督企业履行责任，降低被诉讼的风险。同样，道德伦理也能提高员工忠诚度和敬业度。迄今为止，这是领导力方程式中最为实用有趣的部分，但道德伦理在学校、职场，甚至 MBA 课程中却常常受到冷遇。实际上，商学院、法学院和医学院都需要上道德伦理课程，进行职业道德宣誓。但在当今世界，经济、技术、社会、科学、环境和商业观点变化如此之快，企业往往忽视了道德伦理文化。这也许是因为进行道德伦理教育太费时间；也许是这项"软技能"实在鸡肋，不值得投入时间；也许只是我们失去了对商业伦理决策和当责的基本认识；也许还因为发展过快，我们无暇回过头来，站在更宏观的角度上审视自己面临的挑战。

不管理由为何，现在是时候做出改变了：用工具、智慧和故事武装所领导的团队和你自己，打造出与众不同的领导品牌，使你在业内脱颖而出。请不要困惑，道德伦理决策并没有什么不好的地方。企业如果重视道德伦理，效益会更好。如果你真的想增强一线运营领导团队的实力，如果你想成为理想中的老板，想拥有"最受欢迎的老板"和"职场领路人"的美誉，那就从职场道德着手吧。

从逻辑上讲，如此短小精练的一本书不可能完全涵盖道德伦理学的方方面面。本书会涉及环境可持续性和企业的社会责任，但重点关注职场的道德伦理困境和企业内部动态，因为它们与你的职场生活息息相关。以前，长者会坐在篝火旁讲故事，将自己多年的智慧传给年青一代，这样的情景在现在的职场已经很少见了。然而，现在你有机会创造一种包容的职场氛围，分享自己来之不易的经验教训，并对你的员工进行投资，这将为你个人和你的企业带来可观的回报。

以下是我们将在本书中介绍的一些实际应用案例：

■ 为什么好心的管理者总是踩到"地雷"，使公司面临困境却不自知？

■ 该如何培训管理者才能让他们更善于发现潜在的"先下手为强的报复性行为"？员工是否会利用人力资源部门对抗公司？

■ 倘若一个企业的招聘和晋升环节被贴上不公平或标准不一致的标签，这会怎样在无形中产生人员士气低落、流动频繁和客户忠诚度缺乏等问题?

- 我们该如何培训管理者,提高他们对可能导致歧视、骚扰或报复性指控的职场"案情"的认识?

- 专注于创造一种更尊重道德和伦理的文化,这对人才招聘、人才保留有怎样的影响?

- 员工发展和员工激励对企业的发展有什么帮助?

- 如果员工可以随意被聘用,为什么我们需要一直采用渐进性纪律管理的方法?为什么人力资源部门不让我们随意解雇员工?

- 当我们说一个企业的行为准则基于法律精神而非法律条文时,这意味着什么?我们又是如何在工作中应用的?这是否给了管理团队更大的自主权以解决可能拖累团队的问题?

- 多样性、公平性和包容性(DEI)是否真的如传闻中所言是关键的必要条件，抑或仅仅是一个不错的非必要条件？如果想让企业更具包容性，实现更高程度的机会平等，我们应该从哪里开始？

- 如果员工表现不佳或有职场不当行为的档案记录太多，这在法庭上会对我们产生什么不利的影响？

- 公司会因为歧视性行为而被起诉吗？我个人会被起诉吗？

- 我怎样才能促使自己企业更好地理解其对维护环境可持续性发展和社会责任所承担的道义上的职责？

本书还涵盖很多绝对不会让你失望的关于职场伦理的其他知识。美国企业革命日新月异，可以说，职场的变化速度之快前所未有。例如，你要确保自己能及时了解人工智能（AI）带来的变化，因为这将影响员工招聘、人才保留、员工培训和离职实践的各个方面，并影响客户的购买行为。但是，如果不仔细观察，算法和分析可能会歪曲现实，给毫无戒心或一时疏忽的企业带来巨大的伦理危机（甚至可能违反法律）。

本书可以帮你整顿团队，鼓励每个员工更清晰地意识到自己的决定所涉及的伦理和道德问题，集中他们的精力培养健康的职场文化。而且，本书中的建议实用易懂、足够灵活，可以适应企业不断变化的需求。简而言之，你需要借助外来力量帮你建立一个所有领导者和员工都可以遵守的道德底线——他们遵守这个底线是出于本心，而非被强迫。这并没有想象中那么难，你只需要示范正确的行为，提供正确的工具，并鼓励公司的一线经理进行沟通和应用。

欢迎来到第一步，通过激励正确的行为重塑企业文化，成为最佳领导，为你的队伍重新注入活力，进而造福你的企业、员工、客户和整个社会。

良好的企业员工意识就从这里开始，就从现在开始。

我很高兴与你一起踏上这段旅程！

目录

1

第一章

我们的历史、法律和职场进化

什么是职场道德？为什么要读这本书？

职场道德是一套完整的知识体系，它对企业的日常商业决策与战略轨迹有很大的影响。这听起来意义非凡，你有兴趣了解它吗？职场道德不只是关乎知识那么简单，它还关乎智慧。智慧便是灵活运用知识使之发挥出最大效益。但当今时代，人们并不注重分享职场智慧，这实在可悲。原因也许是因为我们工作节奏过快，互相之间缺乏沟通。但其实无论你是一名高级管理人员、企业家还是一线经理，想必都积攒了许多职场经验智慧，也因此许多人希望追寻你的脚步，同时仰仗你的扶持在职场上大展身手，所以你若能多花些时间传授这些得来不易的职场智慧，必会对他们大有裨益。

试想一下：公司来了新员工，在他们开启新的职业生涯之前向他们传递你的价值观和理念，这是不是一件很有意义的事？你是否更渴望没有焦虑和冲突的职场？同事间互相支持，每天尽心尽力地工作；他们不会感到如履薄冰，也不会稍有不慎就自信心受挫、怀疑自身价值。如果你肯留出时间传授职场智慧，这种职场状态便绝不是梦。提高全体员工的使命感和责任感，我们可以在一个季度或一年内实现这个重要的目标。如果有这样一本书，通俗易懂、短小精悍，可以帮你整合团队，进行自我提升，并将新的职场智慧传授给员工，那不是再好不过吗？不要犹豫，称手工具就在你手中。现在就开始吧，我们会带你快速了解历史、劳动相关法律和道德伦理中最有趣、最吸引人的方面，掌握这些将有助于一线经理在工作前进行更缜密的安排。

伦理很重要，因为有时很难判断什么是对的，什么是错的。在职场中，你不得不做出许多选择，而这些选择往往牵扯因素过多，结果难以预测。好消息是无论在何种情况下，伦理都可以帮你做出更好的选择。

伦理可以判断某种行为是否有悖于道德。首先，我们来看一些关于"伦理"的定义。

- 伦理：一种道德标准，人们据此评判自己和他人的行为举止。

- 商业伦理：伦理在商业与商业行为中的应用，包括对企业的研究，研究其曾经做出的伦理决策。商业伦理旨在规范商业行为，本着达到盈利的理念，把企业做大做强。

- 职场伦理：将伦理行为准则应用于企业的运营、战略管理及其领导方式，规范员工行为。

- 伦理与道德：请注意，本书交替使用伦理和道德这两个词。当然，二者之间的确存在一定的差别——为了迎合正确的社会道德取向，缺乏道德感的人可能会遵循伦理准则。相比之下，有些人可能会违反伦理准则，因为他们认为自己做的事情不违反道德原则。为了避免歧义，本书中的"伦理"和"道德"为同义词，意义基本相同。

所有企业的决策与运行都应从伦理道德层面进行考量。但在商业、体育、娱乐、政治、科学以及几乎所有其他人类活动中，我们仍能看到道德挑战和判断失误。是的，这听起来似乎难以实现，而且毫无疑问：尤其当我们力图改变道德底线较低的文化环境时，这种愿景更是难以企及。但是，具有一贯性的道德伦理文化一旦养成习惯，会比你想象的更容易维持。因此，我们的目标是开拓新思路，实现对规范道德责任的常态化推进。

这一切都是为了建立推动企业日常运营和长期规划的情景思维模型，为企业发展"增肌"。和真正的肌肉一样，企业的"肌肉"在进行磨炼时才会变得更强壮；但如果只是下达一个政策却没有得到贯彻执行，只是被丢在企业手册、政策文件和程序手册堆中让它渐渐蒙尘，"肌肉"就会萎缩。这不是玩笑。企业道德伦理文化是鲜活的，应该蕴含于企业的所有行为中，融入企业和领导团队中。企业道德伦理除了是计算奖金的关键要素，还应该成为年度绩效评估模板中被评估的核心能力。从今天开始，企业道德伦理就要成为你们公司的常见概念和常用词汇。就让本书成为你手下管理层人员的"必读好书"，为公司的未来规划出谋划策。

基本原理：法律标准与道德标准

你是历史爱好者吗？你研究哲学吗？你对劳动法有兴趣吗？或者你只是对如何提高本单位效益和员工个人绩效感兴趣？只要你选择了其中任何一个问题，接下来的内容一定不会让你失望。首先，我们需要区分法律标准和道德标准，了解其中差异。

- 法律标准：聚焦合规性，避免可能触犯法律的不法行为；隐含的问题是"我可以这样做吗？"
- 道德标准：建立在以真实、诚信和透明为基础上的企业道德文化；隐含的问题是"我应该这样做吗？"

换言之，法律标准意味着在法律范围内行事，而道德标准意味着做正确的事。问题在于：法律标准往往低于道德标准，所以不能把"合法"当成决策时考虑的主要因素。换句话说，一家公司若是仅能做到遵守法律，最终可能会在员工、客户和整个社会层面出现责任纰漏。而这是因为法律不能惩治不道德（且可能非法）的行为。

举个例子，政府监管机构多年来可能不知道烟草或石棉有致癌特性；而从后来的诉讼中可知，企业高管虽然知道他们的产品对人体存在危害，但他们的恶行在几十年后才得以曝光。由于政府监管机构声称他们当时不知道这些产品不安全，因此并没有出台法规要求制造公司提高产品安全性、调整生产标准或完全停产。于是这些公司继续生产具有致癌特性的产品，因为这种行为并不违法，尽管事后看来，这些数据如此关键且关乎人身健康，但他们确实没有违法，他们遮掩这些数据的行为只是很不道德。

　　兼顾法律标准和道德标准显然都很重要，但哪一个对我们来说更真实？我们更重视什么，并愿意为之努力？要说我们最关注的，那显然是道德标准。这一直都是我们的初心所在。法律标准只是一项最低标准，可以区分合法行为与非法行为（例如刑事责任、民事损害赔偿等）。除非担心牢狱之灾，否则很少有人会在意法律标准（假设此处不是这种情况）。但事实上，伦理世界也是如此。在阅读《萨班斯－奥克斯利法案》（Sarbanes-Oxley Act, SOX）时，我们发现在认证缺陷和故意违规的问题上，现实世界的监禁刑罚和高达数百万美元的个人罚款十分有效。相信我，他们付给你的工资，还不足以让你冒着入狱和失去所有资产的风险为公司的财务报表做假。

　　不，你内心所坚持的始终是专注于建立一种道德文化，建立一种企业——让员工每天都能尽其所能、提高绩效、获得尊重，有一定的工作自由，他们有上进心、参与度高。正是这样的高度自由推动了员工创新力和创造力的提升，让他们可以将自己的工作表现写进年终总结、简历和领英（LinkedIn）的个人资料中，从而实现企业和员工的双赢。你知道什么时候自己思想会摇摆不定，什么时候你和下属会全神贯注，什么时候能大获全胜，收获应得的认可和赞赏。当你与自己的老板关系很好时，当你全神贯注于达成公司的使命和目标时，当你拥有合适的团队来发挥彼此的才能，同时获得乐趣时，这些目标便大多都能够实现。

一旦这些要素全部具备，团队的能量汇聚在一起，便会创造出远远超过个人努力的成果；一旦你将企业需求与员工的职业兴趣、职业目标相结合，成功将如探囊取物，你个人能力也会水涨船高。实现这些目标，必备要素之一是你对职场伦理道德和职场包容性的建设。这些好的经验并非来自多么难得的机会，我们可以在任何工作中得到验证。请记住，最伟大的领导者不是拥有最多追随者的人，而是培养最多领导者的人。真实性、完整性和透明性，这三点是决定"你是谁"以及"你选择成为谁"的起点。从这个起点出发，你自然要采取一些举措，成为伟大的老板，建立伟大的公司。永远不要忽视基本原理，记得时常回顾，常看常新。

商业领域的专业人士在实际工作中可能面临的挑战

我们经常会听到伦理和道德这两个词，也会把它们作为同义词交替使用，并能联想到与其内涵高度相关的事件：内幕交易、不当性行为、骚扰、财务欺诈等，这些事件每天都会出现在新闻中。当然，这些是领导力方程式的一部分，但在职场中，违反伦理标准的情况可能每天都会发生，尽管可能规模较小（想想把办公用品带回家，或在公共节假日期间请病假）。每位领导者对于创建企业内部文化和外部声誉的行为及行为标准的认知决定了公司的日常工作决策和员工个人决策。

有很多可以通过俘获人心取得成功的方法，没有管理者希望事业有成却失了民心。但是，你如何实现自己的目标，成为最受欢迎的老板、获得员工的尊敬，在几十年后当他们成为成功人士时，获得他们的感谢呢？有趣的是，诀窍藏在许多并不起眼、常规的事情中。一方面，你说要公平行事、尊重他人、正直行事、言出必行，然而在教导别人这样做时，你是否以身作则？另一方面，你是否能让员工毫无保留地信任你，可以对你放下防备，自在地工作，并愿意与你分享他们的职业需求和真实的长期职业目标（即使这意味着他们有想跳槽的嫌疑）？

再深入一点，考虑一下如何回答团队成员或其他部门员工在闲聊时当面提出的问题，例如：

"杰克，可以私下跟你谈谈吗？"

"山姆，我没办法跟我的老板说自己的困扰。我知道你们是同龄人，你们是好朋友吧？能耽误你几分钟时间吗？我想知道怎么能更好地在她手下工作，你有什么好的建议？"

"尼娜，别告诉别人是我说的。看起来阿什莉对迈克的意见很大。她跟我说，她很讨厌老板经常约她出去吃饭，还缠着她。我们现在都注意到了。"

"安东尼，咱们公司太抠门了。他们从不投资任何新技术。他们总是说，除非有人辞职，否则他们就破产了，然后他们不知从哪里搞到钱，通过还价诱使想要辞职的人留下来。难道真的必须辞职才能引起注意、获得加薪吗？"

这样的例子不胜枚举。所有这些真实情景可能突然就发生在你面前，而你一开始不假思索的反应要比你的想象更具伦理意义。我们将在整本书中研究此类难题，密切关注你在回答这些问题时应考虑的道德和法律因素。

现在，我先来讲一个很实用的经验，你可以和你的员工分享这个经验，这样他们就能在工作中不断提高自身业务，做出很好的业绩。这个经验就是：视角改变。帮助你的员工——尤其是当他们感到沮丧时——抛开细节，站在全局的角度审视问题。你

可以这么说:

- 不妨从客观的角度看待问题,为什么你认为这个问题可能几个月前就初具端倪了?我们现在可以做些什么来补救?更重要的是,你想如何解决这个问题?

- 我想听听你对此事的评价和分析。尽可能客观地对待各执一词的双方,告诉我,为什么你觉得可能会发生这种情况,或者他们为什么这样认为?

- 你愿意听听我的看法吗?

- 你对于优秀导师和培训师应具备的条件有什么更好的建议?如何增强他们的责任感?

- 我知道,除非另有证明,否则现在你所认知的就是现实。在我看来,你可能有认知偏差问题,我很乐意为你提供帮助。我们来谈谈可能导致这种情况的原因吧,看看怎么一起解决问题。

- 我明白，你现在可能承受着很大的压力。但这不是借口，凡是可能让其他人感到不舒服、不自在或在同事面前被贬低或羞辱的行为都是禁止的。我有责任营造一个友好包容的工作环境，你也一样。我必须以对待团队中所有人的标准来要求你。针对刚刚在销售现场发生的争吵，你认为最好的解决方法是什么？

- 我们可以用什么作为团队其他成员的"前馈"，以避免将来再次出现此类错误沟通或错误假设？

是的，这些需要你做出反应的情况都是伦理现实，随时有可能在工作中出现，给你迎面一击。你面临的基本问题始终如下：面对这些挑战，你是谁？你选择成为谁？你是一个回避冲突的人吗？你倾向于把事情掩盖起来，希望它自行解决吗？当团队发生冲突时，你愿意出面聚拢人心吗？你能采用一些指导方法来解决冲突，坚持"建设性对抗"吗？通常会支持你的员工，但在必要时你也会让他们以最高标准负责吗？注意到了吧，伦理领导力有很多风格和形式。

再看一下"伦理"的定义：一种道德准则，人们据此评判自己和他人的行为举止。

这种道德准则看似很不起眼，但极具影响力。请记住：做人胜过做事。你是谁远比你做了什么更重要。在任何情况下，始终关注你是谁——你的性格，你对待他人的方式，你对他人的尊重，以及你在多大程度上能让他人放下心理防备（这源于信任）。毕竟，"你是谁"是你所有行为的源头，别搞错了因果关系。

最后，记住这句格言：想要获得什么，就先给予什么。在你的职业生涯中，这句简单的话将指引你成为优秀的领导者。你要为你团队的职场氛围负责。作为企业的领导者，你创造了团队合作、友爱和尊重的氛围，而你的下属也能体会到这种氛围。无须任何借口，不管有多少子弹在你头上飞过，或者谁向你大喊大叫，你的工作就是保护团队成员不受这种疯狂情景的影响，并在部门或团队中打造"微型文化"，注入你的价值观和伦理观。问问自己：你会愿意为自己工作吗？如果公司里的每个人都听从你的领导，你会满意自己走的每一步吗？

在确保企业合规工作的有效性方面，你发挥着至关重要的作用。你的日常职责一定包括两方面：遵守法律要求和伦理道德。要密切关注违规行为，如果你看到不合规的事情，请务必上报。请确保自己熟知本公司有关法律和伦理行为的政策和程序。你要时刻清楚你有责任确保自己的合规项目取得成功。

闻一知十

在可能的情况下，做出道德伦理决策时要有他人在场，并在适当的时候公开分享最终决策。听取不同利益群体的观点通常会提高决策水平；若多人参与决策过程，人们可能更倾向于相信结果的公平性。一定要尽力避免人们对不公平的怀疑。

伦理学研究概述：起点

本书无意花太多时间钻研学术理论。伦理学是区分是非和人类行为的道德后果的哲学学科，历史悠久。从柏拉图和亚里士多德到约翰·洛克（John Locke）、托马斯·霍布斯（Thomas Hobbes）、托马斯·阿奎那（Thomas Aquinas）和伊曼纽尔·康德（Immanuel Kant），伦理学的理论繁多。但是，如果你对基础知识缺乏了解，那么你就无法真正读懂任何一本关于伦理的书，哪怕只是一篇简短的概述。了解了这些，让我们回顾一下伦理学研究和学科的基本知识以及人类努力分辨是非、端正行为、寻找最优解的过程。

我们知道，在不同的历史时期和社会中，是非的判断标准各不相同。如下三种重要的道德伦理研究对你会有所帮助。

元伦理学：重点介绍人们用来定义对错、好坏的术语、定义和参数，以及如何下合适的定义。元伦理学是伦理学领域中最抽象的领域，它主要研究道德的主观性和客观性问题，个人观点与善恶的关系，以及一个人是否能真正区分什么是绝对正确的、什么是绝对错误的。

描述伦理学：主要探究一个群体或社会的伦理观点和价值观，例如他们认为什么是坏的、什么是好的，信仰如何影响行为，以及不同的社会怎样依据他们目前对是非的理解（即道德或不道德）来进行奖惩。

规范伦理学：目的在于为人们的日常行为提供合理的依据。规范伦理学与描述伦理学不同：描述伦理学侧重于人们在任何特定时间对于对错的判断；规范伦理学关注的是伦理道德如何达到更高更纯粹的境界。

此外，上述学科中的一些理论认为伦理细化

了人们的反应步骤：行为人的性格（美德伦理学）；伦理行为的基础或理由（义务伦理学）或行为的结果（后果伦理学）。你可能已经猜到了，根据研究的内容——战争、大屠杀、流行病或大政府与小政府——伦理学在各个方面可能都适用。

例如，美德伦理学关注道德特征，而不是社会义务或行为后果。它着眼于在任何情况下都要"做正确的事情""做好的事情"，而不考虑其他因素。在任何情况下都应该这样吗？毕竟，诚实、公平、正义和正直等美德应该胜过一切，对吧？不过，想仅仅依靠美德伦理学来推动现实世界中的决策和行动是否有些理想化了？也许义务伦理学在职场中更加实用可行。毕竟，"义务论"这个词源于希腊语中的"责任"或"义务"一词。责任和义务是否应该决定当今职场的最佳伦理结构？还有，鉴于行为本身没有好坏之分——人们只是以它引起的连锁反应判定其好坏与否——一个人的行为后果（即后果伦理学的伦理理论）是否应该应用于此种情况？

进一步来说，伦理利己主义指出，做一个有道德的人，这意味着他们所做的事情要最大化实现自己的利益。伦理利他主义认为，有道德的人有义务实现他人利益最大化。功利主义主要考虑个人行为对绝大多数人产生的影响和带来的后果，研究如何尽可能地为更多人创造最大化的利益。享乐主义认为快乐是唯一"好"的东西，而福利主义则侧重于尽量为绝大多数人带来最大的好处。别着急，还有其他分支。情境伦理学是伦理学领域的新型学科（于 20 世纪 60 年代提出，那一时期多个伦理学分支繁荣发展），它专注于探讨神对世人的爱——在任何情况下对所有人的绝对的、无条件的永恒之爱。

现在你应该感受到了：这门学科所涉甚广；随着时间推移，在众多因素影响下，新的道德伦理理论产生；随着环境和条件的变化，人们的观点也会发生变化。而后你就会明白，为什么大多数商业伦理学家认为没有一种理论适用于所有企业或所有商业情况。毕竟，每种道德伦理理论都有其自身的优势、劣势和在特定环境的适用性。作为 21 世纪的运营领导者或人力资源从业者，你可能会在下面找到自己的伦理平衡：

- 美德伦理学，侧重于对遵循伦理规范的领导者或员工品格的关注。
- 义务论，侧重于对自己和他人的责任（即对公司的责任）。
- 功利主义，侧重于提高实用性，关注如何将所有相关人员的利益最大化。

如果你的老板问你是否读过某本书，你从中学到了什么，你只要能说出这三种伦理观念中的其中一个理论就可以赢得一片赞叹——因为你研究了如此高深的学科，熟知如此专业的词汇。

当今职场的道德伦理计划远远无法解决
所有问题——除非私下处理

你可能会想，为什么要对道德伦理大惊小怪？我们已经制定了合规计划。虽然现有计划可能会有所帮助，但大多数企业可能认为这还不够。他们是正确的。你可能会比较熟悉以下三种计划：

- 准则和合规计划（例如 SOX），侧重于避免不道德或非法行为。

- 企业形象和价值观计划，侧重于公司的企业文化以及公司希望其员工表现出的良好品质。

- 社会外展服务计划，侧重于企业的社会责任，使公司的产品和服务能够在社会、经济和环保等方面为他人带来更多的效益。

此外，多样性、公平性和包容性（DEI）意识培训和平权运动兴起（比如倡导女性领导力和同工同酬等运动），以期创建一个更加平衡、可持续的职场，包括公司董事会层面。

看看这些内容，它们涵盖的领域如此广，那么企业合规计划中还缺少了什么？答案就是个人层面的道德伦理。道德伦理是企业文化的基础和核心要素，是聘用、培养和留住顶尖人才的工具。道德伦理要求人们达到更高的绩效和责任标准。简而言之，上述计划的设计和意图虽然巧妙出色，但不一定照顾到了个人层面。它们是计划，也是倡议。公司合规计划帮助企业预防、发现和纠正非法和不道德的行为。它们代表了企业的目标和价值观，每家公司都是企业公民，不仅要盈利，还要让社会和环境变得更美好。但是，在领导者成功塑造这些核心价值观，并让每位员工接受之前，员工可能无法融入这种企业文化中——这种文化包含公平、包容、透明、信任、尊重，还有爱。

公司合规计划有助于避免员工做出违法行为，并通过以下方式使公司受益：

- 提供具体证明，证明本公司致力于遵守企业行为伦理。
- 提高识别和预防不道德或非法行为的可能性。
- 提示员工对违规行为保持警惕。
- 建立一种机制，鼓励员工报告潜在问题，允许进行适当的内部调查，并采取纠正措施。
- 帮助降低员工和企业遭受民事损害、处罚和刑事制裁的风险。

只有当职场道德成为企业架构、企业个人和集体

价值观以及企业文化 DNA 中的一部分时，它才会让员工、客户和其他利益相关者产生共鸣。如果你很重视公平、包容、正直和团队一致性，那么将道德规范纳入你的词汇库、日常用语、书面用语和讨论之中，可以更快地实现目标。许多企业需要觉醒意识、转变观念以及重新尊重彼此。空想不能帮你达成目标，不要等待别人开始行动，这是你的公司、你的事业，你正在把它交给那些你有幸领导和影响的人。关注所有伦理学分支，这是你实现目标的最快途径。

特别提示：在入职第一天进行道德培训。

下面的故事将说明它的作用。

我有幸担任过加利福尼亚州伯班克市尼克国际儿童频道动画工作室的人力资源主管。尼克国际儿童频道的高级副总裁兼总经理马克·泰勒（Mark Taylor）可能是我遇到过的最优秀的领导者。马克是你能见到的最和蔼的那类人，而他让尼克国际儿童频道屡创佳绩。在他的带领下，尼克国际儿童频道成为排名第一的儿童有线电视网络——甚至超过了迪士尼。马克知道公司所有人（约500名员工）的名字，他坚持走动管理（MBWA），保持开放政策，对业务了如指掌，把尼克国际儿童频道打造成动画师的首选理想公司。这个小工作室坐落于伯班克市中心街区火车轨道对面一个不起眼的角落，《海绵宝宝》（*SpongeBob SquarePants*）、《爱探险的朵拉》（*Dora the Explorer*）、《阿凡达》（*Avatar*），还有许多其他著名的动画及视效作品都诞生在此。

不过马克最值得称道的地方是对新员工入职的培训上。我们每月举行一次新员工入职培训，马克会在主会议室与新员工会面，大约一个小时。他想亲自了解他们，确保新员工彼此之间建立一种特殊的纽带，并利用这个机会分享"马克的八大规则"。马克会向新员工介绍尼克国际儿童频道这个特别的大家族，他和这里工作的所有人都十分珍惜这种氛围，同时他也会阐述自己是如何让每位新员工延续

这种企业文化的。他的"八大规则"主要指向高效
率、个人责任感、相互尊重和对工作的热情。无论
面对管理层还是员工，他都提到了"真正的领导
力"的重要性。他发给所有员工一份价值观表格，
上面除了这些原则和箴言，还印着一个等式：

坚定的原则 + 信任员工 = 强大的领导力

无论是过去还是现在，马克都是动画界的传
奇人物。新员工——无论是动画师、会计师，还是
邮件室工作人员和门卫——与他朝夕相处，深深地
感受到他对自己和公司的真切关怀，并被他委以重
任，这是多么地让人热血沸腾。不止如此。如果大
组指导是在周一进行的，那么在周三就会为负责监
督的人举行后续会议。在这次会议上，马克会再次
说明价值观表格，这次着重表达他对这些新晋领导
者在沟通、团队建设和建设优秀领导团队方面的期

望。然而，借此机会，他也强调了若没有达到这些期望和要求会带来什么后果，并对管理团队提出了更高的要求。

毫无疑问，在会后，每个人都了解了公司视若珍宝的企业文化、总经理的价值观，以及企业在绩效、生产力、尊重和感恩方面的目标和期望。还有马克的第八个，也是最后一个原则：有趣。不错，这是一家动画工作室。大多数企业也会举办有趣和富有创造性的活动，但不像尼克国际儿童频道一样有这么大的自由。马克喜欢恶作剧——他在办公室里放玩具枪，安排节日主题派对，每年都努力创造新花样。作为一名人力资源专业人士，以上种种我在书中写过，在加州大学洛杉矶分校的扩展课程中教授过，而现在我惊奇地发现，这一切竟然都出现在了现实生活中。

如果你是CEO、部门负责人、主管或团队负责人，不妨一开始就公开分享自己的价值观和期望。

你可以自豪地阐述它们，举例说明它们是如何起作用的，并提醒每个员工你的理念是独一无二的，值得好好学习。在员工会议和聚会中添加一个常规话题，询问最近有什么事情利于公司的使命感和价值观建设。获得成功就大肆庆祝。放轻松，尽可能地享受乐趣，没什么不合适的。要知道，一旦人们发现自己身负厚望，就能够理解你，并理解你作为领导的价值观，还会对有机会加入这个大家庭心怀感激，他们会更有安全感。在马克·泰勒的领导下，尼克国际儿童频道不断取得佳绩。因此，你可以自豪地讲述公司的历史和文化，设定期望目标，并提高对所有员工的期望，让他们发挥最高水平。在他们入职的第一天就开展这些工作。这是再简单不过的哲学——每天都牢记在心、以身作则——却能够对企业产生如此巨大的影响。你也可以拥有伟大的领导力，只需要改变你对自己是谁以及选择成为谁的基本想法。

道德伦理与文化：人力资本战略的核心组成部分

　　管理大师彼得·德鲁克（Peter Drucker）有句名言："文化能把战略当早餐吃掉。"这句话的意思是，无论战略多么精妙，运营计划多么高明，企业目标多么明确，如果没有企业文化的有效支撑并高效地发挥作用，都将一事无成。就如同开裂的房屋撑不了多久。简言之，与其他任何事情相比，给予员工自主权、打造强有力的企业文化是企业成功最可靠的途径。

　　企业文化影响着人力资本战略的方方面面，从企业招聘到绩效管理、薪酬结构、员工发展和责任管理。员工定义企业文化，一线运营领导团队在日常的工作沟通、团队建设、冲突解决以及员工认可和参与等方面都——展现出了公司的道德价值观。

如果把企业文化比喻成汽车里的油，你就可以很快理解为什么把脚踩在油门上（市场和销售）或刹车（财务和合规）上会得到非常不同的结果——这取决于引擎的内部情况（背后的效率）。

健康的企业文化在信任的基础上茁壮成长，诚实是每个行为准则的核心。在沟通和行为中要始终保持诚实。幸福感有助于提高员工的工作效率，享有更大的自主权能让他们愿意付出更多的努力。在调查中，工作效率高的员工通常会对自己的公司给予很高的评价。调查的问题很简单，"你每天的工作任务是否都能做到最好？""你信任管理层吗？"员工记录企业的诚信、尊重、守信和责任等价值观是一个不错的开始，不过，领导者在大型集会开始时致辞阐述企业使命更为重要。请员工分享践行公司使命的实例，能够使公司保持活力、蓬勃发展。以身作则是所有业务经理的责任，应该成为一项衡量和管理标准，在进行年度绩效考核和评价业绩提升或奖金奖励时作为参考。

强化、内化企业使命和价值观应是你的企业DNA 的一部分。除此之外，还有什么别的办法能加强、践行道德伦理价值观呢？你每年要对经理和员工进行行为准则培训，并重申企业对其的期望。你还要分享有关文化价值的案例，资助员工参与志愿者活动，制订员工表彰计划，启动员工慈善计划（例如，鼓励员工为有需要的同事捐赠假期或工资），向合作的非营利组织捐赠企业配套资金并引入同侪认可计划（尤其是针对远程工作且有时感觉与团队整体脱节的员工），估算和提高企业内部晋升率，根据员工满意度调查、焦点小组和离职面谈反馈评估你的表现。

你可以把培育企业文化变成一件趣事，在公司里营造轻松的氛围。尽力获得企业各个层面的认同，获得各个阶层的认可。在办公室张贴海报，在公司内联网主页内容中突出道德和诚信，为伦理、认可和包容创造繁荣发展的空间。但有一件事你要清楚：如果有一天，你的员工在描述本公司时，用到了伦理、道德、公平、一致、鼓励、真诚、诚实、包容和无私等词汇，你实现自己制定的战略目标和阶段性目标的概率就更大，甚至可能超额完成目标任务。反之亦然。求职网站会不断收集现任和前任员工的反馈。因此，你需要的不是请声誉管理公司处理公关危机，而是创建一个合乎伦理且具有包容性的工作环境，让员工每天都能尽其所能，有办法自我调节，适应本公司不断变化的需求。

你最后一次实施新的行动价值计划，表彰和奖励员工遵循伦理规范的行为是什么时候？最后一次宣讲企业的使命和价值观是什么时候？最后一次谈论或分享公司内优秀伦理案例又是什么时候？你最近是否有从自己的员工那里获得反馈，询问他们希望看到哪些计划，哪些计划能使员工的日常工作具有更大的社会价值和意义，或者能够帮助他们每天更高效率地工作，减少倦怠？同样，你是否建立了明确的职业发展路径，让员工有晋升空间，而不是让工作"一眼望到头"？请记住，建设企业文化不一定需要一个完美的开始，你只需要开始。使个人的内在动力与企业的外在动力保持一致，这仍是职业发展的最终目标。所以，开始行动吧，你来做第一张多米诺骨牌。希望他人做出什么改变，你就要先做出表率。从现在开始打造你理想中的职场。而后，企业文化、自我激励、绩效和生产力自会水到渠成。

克服道德障碍（常见的职场道德难题）

想要找借口为不道德的行为辩护很简单。常见障碍类型及应对策略：

■ "别无选择"（必然性障碍）。克服这一障碍的最佳方法是让别人一起获利。

- "没关系，就这一次"（无后果障碍）。克服这一障碍的最佳方法是分散成本：随着时间的推移，成本可能积少成多，产生严重后果。

- "没有法律禁止这么做"（许可障碍）。要克服这一障碍，可以考虑尊重他人的权利。想想那些会受到你决定影响的人。

- "这是我应得的"（权利障碍）——自我欺骗，认为自己在纠正错误。可以通过逆转假设来克服这一点，试想如果形势逆转，你会有什么感受？你还会觉得你的决定不违反伦理吗？

消除伦理决策的障碍，分析其成本和收益，不仅是对你自己，也是对所有可能受到影响的人负责。问问自己，是否每个人都受到了尊重和公平对待。

2

第二章

《萨班斯–奥克斯利法案》：合规、反骚扰和有效的内部调查

《萨班斯－奥克斯利法案》(2002 年)：
真正见分晓的时刻

> 《萨班斯－奥克斯利法案》= 公司管理改革
>
> 目标 = 投资者透明度

在 21 世纪初，美国企业中存在很多问题。20 世纪 90 年代末，基于一种以"互联网"为基础的新经济模式，股市充满了难以置信的潜力。"互联网公司"给市场带来了新的销售方式——不需要实体店面或服务人员的直接营销。投资者通过首次公开募股（IPO）的形式蚕食了这些即将到来的机会。通过首次公开募股，他们相信初创企业的经济潜力，把自己辛苦赚来的钱投入其中，而许多初创企业很快就会因不可持续的商业发展模式而崩溃。在这样的背景下，21 世纪初还出现了巨大的利益冲突，导致了灾难性的企业大规模倒闭：

■ 企业和被他们聘请的会计师事务所之间的关系模糊了本应保护普通投资者的界限。例如，大型会计师事务所向其客户提供会计、审计和咨询服务，这使其难以（如果不是不可能的话）对其客户的财务状况进行公正的评估。毕竟，公共会计师事务所对客户和公众的义务是分开的。但在没有明确规定的情况下，孰轻孰重？

■ 华尔街融资并购和股票发行的投资银行对其客户公司的股价有既得利益关系，这就不利于他们向普通投资者提供诚实、客观的评估。许多内部人士没有履行其伦理和信托义务，而是牺牲了他们负责保护的人的利益，为自己牟取利益（又称自我交易）。

■ 引人注目的公司倒闭新闻比比皆是：安然公

《萨班斯－奥克斯利法案》：合规、反骚扰和有效的内部调查

司（Enron）、世通公司（WorldCom）、泰科国际公司（Tyco International）和安达信会计公司（Arthur Andersen）——这些美国的企业巨头纷纷倒闭，暴露出大量不道德的商业行为和利益冲突。

这些公司被曝出内幕交易、挪用公款、CEO 激励措施、审计中的利益冲突、产品安全、职场安全等方方面面存在的问题，商业丑闻和由此导致的经济危机人尽皆知。随着 2002 年《萨班斯－奥克斯利法案》的通过，国会要求上市公司规范道德行为，承担更多的责任。不久，私人控股公司参照该法案制定了自己的行为准则，同时也借鉴其他公司的管理办法——尽管这不是法律规定的义务——此法案作为伦理规范和道德商业行为的最佳方案具有重大的意义。

此外，国会通过该法案，不仅规范上市公司

员工的日常行为，还列出了一系列公司的义务和责任。大多数美国工人听到《萨班斯－奥克斯利法案》一词时，首先想到的是财务管控、运营管控以及披露要求。虽然该法案的大部分内容涉及财务措施和企业管理标准改革，但有案可稽的伦理规范也是该法案的主要内容。按该法案要求，上市公司必须公开说明其是否制定了伦理规范准则，如果没有制定则必须解释原因。这个伦理规范准则通常被称作商业行为声明，必须主动传达给所有员工。事实上，该法案中的伦理规范和合规培训是联邦判决准则中的一个缓冲因素，可以有效防止公司高层或公司本身面临官司。

这种"主动沟通"通常以线下或线上培训的形式进行，这就是为什么它如此关键：《萨班斯－奥克斯利法案》通过后，它就有了强大的支撑。2000年至2003年股市大崩盘，数百万投资者在股市损失了数十亿美元，原因就是许多投资者误信了虚假的公司财务报表。这以后国会保证,任何上市公司若未能遵守《萨班斯－奥克斯利法案》的上报要求,都将面临严重后果。

- 具体来说,CEO 和 CFO 可能因所谓的"认证缺陷"面临高达 100 万美元的罚款或长达 10 年的监禁。认证缺陷意味着公司高层知道(或应该知道)公司提交的财务报表中存在不准确之处,但未能纠正。换句话说,他们并非因错误或意外而提交有误的财务报表。

- 此外,CEO 和 CFO 可能因"故意不合规"或欺诈行为(即公司高层在明知其行为违法的情况下,自愿或故意通过了有误的财务报表)面临高达 500 万美元的罚款或长达 20 年的监禁——CEO 和 CFO 可能将负刑事责任,美国公司无疑注意到了这一点,并以前所未有的速度在全球各地推出了合规计划。

《萨班斯－奥克斯利法案》在 2002 年一经通过就改变了游戏规则，将伦理和道德重新刻入了每家上市公司的 DNA。不幸的是，一旦监管松懈，人们会想方设法利用法律漏洞为自己牟利。在六年后，也就是 2008 年，另一次大规模的经济崩溃发生，出现了抵押贷款崩溃和大萧条。2008 年的金融危机仍旧充斥着利益冲突，其中许多公司都涉及自我交易。例如，投资银行集团高盛（Goldman Sachs）向其客户华盛顿互惠银行（Washington Mutual Bank）提供抵押债务。然后高盛集团做空了华盛顿互惠银行的股票，因为高盛认为抵押债务不稳定。结果华盛顿互惠银行股价暴跌，于 2008 年 9 月倒闭，而高盛通过卖空赚了数百万美元。我们从中能吸取的教训是政府确实需要对私营部门进行监管。尽管需要多大程度的监管，如何保护投资者的投资——

《萨班斯－奥克斯利法案》：合规、反骚扰和有效的内部调查

这些问题始终存在争论。但请相信，要解决监管难题，《萨班斯－奥克斯利法案》仍是关键，在财务披露、保证透明度和消除利益冲突方面均发挥着重要作用。

《萨班斯－奥克斯利法案》的主要作用：
披露潜在的利益冲突

　　《萨班斯－奥克斯利法案》包含管理认证要求，确认不存在可能威胁公司备案有效性的潜在利益冲突。为避免认证缺陷，CEO 必须证明财务报告中包含的信息，如季度报表（10Q）或年度报表（10K）准确完整。CEO 想要做到这一点，唯一方法是对员工进行调查，并要求员工反过来证明自己与公司备案不存在利益冲突。请记住，安然公司和安达信公司倒闭，罪魁祸首正是几名安然公司高管和安达信公司芝加哥总部的审计师，他们在安然公司休斯敦总部的地下室销毁了数千页文件。

　　那么，什么是潜在利益冲突呢？简单来说，在存在利益冲突的情况下，你追求自己的利益有可能导致雇主利益受损。当你的外部业务或个人利益

《萨班斯－奥克斯利法案》：合规、反骚扰和有效的内部调查

对工作判断产生不利影响（或可能产生不利影响）时，就可能发生利益冲突。

至关重要的是，你必须以书面形式说明任何可能使公司面临风险的事情。隐藏与同事、客户、供应商或对家公司员工的亲属关系通常是最大的问题。其他潜在冲突包括：

- 以任何方式收受客户、供应商或竞争对手的贿赂。
- 在任何情况下收受或送出现金。
- 通过与公司的客户、供应商或竞争对手进行个人交易，夺取公司的商业机会（作为普通消费者除外）。
- 与公司的客户、供应商或竞争公司有财务往来，但在上市公司中的所有权低于 1%。

你会如何处理这些情况？公司会要求你填写

雇员证明表，你只需在任何一张表中上报这些潜在的利益冲突。为了安全起见，即使没有正式的信息披露表格，也请通过电子邮件将问题发送给自己的主管。这样你就有了披露信息的电子记录，可以用于自保。如果你身居要职，就意味着你在为公司工作时需要做出准确判断，主动上报这一点便尤为重要。当然，利益冲突有多种形式，也可以说，在某种程度上所有员工都身居要职。请记住，利益冲突意味着个人利益和公司利益起了冲突。在大多数情况下，冲突不会直接导致不道德行为的发生。但众所周知，冲突会促使人们越过边界线，做出违反道德的举动，甚至犯罪。因此，企业通常对所有潜在的利益冲突采取"完全披露或完全透明"的方法。公开和透明是关键，闭门进行、不受审查的交易更有可能突破道德底线。

《萨班斯－奥克斯利法案》：合规、反骚扰和有效的内部调查

> **请注意：** 即使利益冲突实际上并没有导致不道德行为的发生，但仅仅存在出现不道德行为的可能性就足以破坏公众和员工对公司道德准则的信任与信心。

《萨班斯－奥克斯利法案》的义务和保护：反歧视与个人关系披露

公司无疑会借此法案进行调查并培训所有员工，让他们了解公司对于职场骚扰和歧视行为的态度。毕竟，《萨班斯－奥克斯利法案》是关于职场道德和行为的声明和确认书。因此，公司提醒每个人，他们有义务确保职场中不存在不当行为，这正是《萨班斯－奥克斯利法案》伦理信息的核心。

首先，你要明白，如果你是管理者，并且与自己的下属发展了恋爱关系，那么这种关系必须公开。这是非常合理的要求，如果你有能力影响下属的绩效考核或业绩增长，而你们如果分手了，那么你对对方在工作上的任何负面批评都可能被视为报复行为。同样，还会有人认为你们先前的关系不健康，你还可能被控构成性骚扰。一旦有主管公开与下属的恋爱关系，公司的典型反应通常是将这位下属调到另一个部门或其他主管手下，这样就可以避免他／她可能遭遇直接报复，或受到不正当的、有针对性的威胁，这或许是一个简单公平的解决方案。关键在于，你必须在质疑你会进行"报复"或"骚扰"的声音出现前就披露新的关系。

务必记住，公司希望你本着"披露和审查"的精神主动上报问题，这样你们可以一起寻找解决方案。现在很少有企业实行非亲属关系政策（有时又被称为约会政策或职场恋爱政策），这意味着配偶双方不能在同一公司工作，甚至如果同事之间开始约会，就必须有一人离职。请注意，在美国的一些州，实施如此严格的政策是非法的，因为它会波及其他明智的、不涉及工作的私人关系——两相情愿的恋情。但是，如果配偶、家庭成员或存在重要关系的人之间存在上下级关系，公司确实会划清界限，并制定政策限制上级与下属约会。由于这些原因，家庭成员通常被分配到不同的主管手下、不同的班次、不同的部门或工作组——同样是为了避免偏袒或存在利益冲突的嫌疑。

其次，骚扰可能发生在上班或下班期间，在办公室或上下班路上。你期望同事们在日常生活中与在办公室一样尊重你。但你没有义务忍受不恰当的评论、不雅笑话、身体接触或诸如斜视、凝视之类的非语言行为。任何此类事件都应灵活上报给公司的相关部门，包括你的主管、部门主管、人力资源、劳资关系或其他公司合规人员（通常是公司的法律顾问）。

但是请注意，如果你提出需要调查的索赔（几乎所有索赔都需要），则无法确保绝对保密。当然，所有报告都应在一定范围内保密。但人力资源部门或调查员很可能有义务在"需要知情"的基础上扩大调查范围，并最终将你的投诉通知被指控者。这种对抗绝非易事，但公司的反歧视政策和惯例以及

《萨班斯－奥克斯利法案》：合规、反骚扰和有效的内部调查

联邦和州法律在有人提出正当的骚扰投诉时会对其提供适当的保护，以免投诉者遭到报复。

最后，请记住大多数企业的行为准则通常也要求员工公开家庭关系。虽然一个家庭的三代甚至四代人在同一单位工作并不违法，但在签署聘用合同时公开这些关系至关重要。毕竟，如果一个或多个家庭成员站在一边，对同事提出反对意见，会有不少人质疑其中的公正性。同样，员工应从一开始就遵循披露和审查的准则以及公司期望。新员工应在就业申请中说明所有在本公司工作的其他家庭成员；现有员工应在家庭成员即将加入本公司时，通过更新自己的"利益冲突问卷"，或发电子邮件给主管人员，公开说明亲属关系。建立这种信任，避免团队中不必要的纷争或潜在冲突。

《萨班斯－奥克斯利法案》的义务和保护：公司财产、举报人保护、安全、隐私和知识产权

你对公司所承担的关键义务在于对公司财产的使用。从就业法的角度来看，法律通常要求雇主出台书面政策，说明员工在使用公司电子邮件服务器、公司发的计算机、电话和平板电脑时，没有不合理的隐私期望。因此，你的电子邮件、语音信箱、办公桌和储物柜都是公司的财产，所以可以在《萨班斯－奥克斯利法案》培训期间重申这一点：公司系统仅限公司内部使用。不要让员工产生误解。

别忘了互联网色情信息的问题，这比我们想的还要普遍。虽然关上了门，拉上了窗帘，但这并不意味着你不会因为第一次在工作场合看色情内容信息而被解雇。许多员工似乎忘记了他们的互联网访

问记录是可追踪的。不过，要是你不小心点进一个包含色情等不当信息的网站，该怎么办？在你意识到自己误入时立即断开连接；然后立即打电话给人力资源部门或信息技术部门，解释情况，并将自己不小心打开的网站链接转发给他们，以便对这次无意的网站访问进行记录。

企业行为规范涵盖的其他领域包括：

举报人保护

该法案第 806 条规定，严格禁止雇主对任何正当投诉或披露其雇主进行非法活动的上市公司雇员进行报复，因为这些报复最终会构成对股东的重大欺诈行为。在这一点上，《萨班斯－奥克斯利法案》又一次展现了铁腕手段：雇主如果对举报人进行报复，将被处以罚款和最多 10 年的监禁。

因此，公司的行为准则会在员工提出投诉时强调灵活报告链的重要性。披露和审查是贯穿整个《萨班斯－奥克斯利法案》的主旨。公司只能解决他们知道的问题，如果员工害怕找自己的顶头上司，那么他们必须有机会与公司其他高层交谈。这就是为什么许多上市公司向其全球员工提供公司高级领导甚至审计委员会董事会成员的电话号码和电邮地址。员工可以直接与董事会联系，匿名或实名皆可。无论哪种方式，员工都可以直接跟高层取得联系。

安全

一般来说，道德和行为准则应确保充分、完全遵守所有可能适用的法规，包括《萨班斯－奥克斯利法案》、证券交易规则、纽约证券交易所（NYSE）和纳斯达克（NASDAQ）证券交易所的规则以及其他法律法规，包括职业安全和健康法（OSHA）。因此，虽然不一定严格遵循《萨班斯－奥克斯利法案》，但企业有法律和道德义务为其员工提供安全的工作环境。然而，有很多企业偷工减料、削减预算，不然他们本可以避免工人伤亡——比如英国石油公司在墨西哥湾的深水地平线钻井平台发生的事故，以及其他许多震惊世界的案例——在这些案例中，职场实际上是死亡陷阱。因此，雇主应该发布严格的员工安全标准指南，这样做既能防止员工受伤，也能节省因事故产生的高昂诉讼费。所有员工在行事时都应避开潜在的健康和安全危险，同样，他们也必须将自己发现的任何不安全的工作环境或做法报告主管。此外，如果工人目睹或参与已导致（或可能导致）人员受伤或财产损坏的事故或事件，他们必须向管理层披露，通常写报告创建危险记录，以供高级管理层审查和干预。

隐私

保护员工的隐私是当今热门的法律和伦理问题。事实上，可以说隐私和个人信息保护是 21 世纪初最热门的话题。计算机数据被盗或泄露，这些备受关注的事件大大增加了人们对隐私和个人安全的担忧。此外，从伦理角度来看，科技发展使雇主能够前所未有地了解员工或求职者的举止。例如，员工隐私与就业法的矛盾可以在《遗传信息非歧视法》（GINA）中找到。该法案在医疗保险和就业方面保护人们免遭基于遗传信息的歧视。远程工作的兴起可能会带来独特的挑战，因为公司和管理人员有更多机会接触到员工的家庭"内部"。同样，围绕招聘前过程的其他隐私法律——包括"禁盒"立法和关注消费者的信用机构如何收集、评估、使用、分享他们收集到的数据的《公平信用报告法》（*Fair Credit Report Act*）——也不时引起争议。他们挖出的数据之深、范围之广可能令人难以置信，雇主有义务确保数据不会因疏忽或恶意而被滥用。

当虚拟数据窃贼访问人事或工资记录以开设欺诈性信贷账户时，往往会发生身份盗窃。因此，企

《萨班斯－奥克斯利法案》：合规、反骚扰和有效的内部调查

业有更大的法律和道德责任来保护他们管理的员工数据。根据《公平与准确信贷交易法》（FACTA），雇主要为未经授权使用员工个人信息的行为负责。《公平与准确信贷交易法》允许联邦和州政府对疏于保护员工数据的企业征收罚款。事实上，几个州已经颁布了法律，禁止雇主在任何记录（包括考勤卡、保险卡和工资单存根）上使用员工的完整社会保险号码作为标识符。

知识产权

禁止将公司机密或商业信息用于牟取个人利益。在工作过程中，员工可能会了解到商业机密以及商业或财务敏感信息。此外，个人创建或开发的系统、程序或流程也可能属于保密信息，属于雇主财产。使用或向任何外部方披露机密信息，需高级管理层事先书面授权，并遵守部门政策。

商业机密信息可能包括商业计划或预测、业

务的扩展或缩减、合并或收购建议或协议、客户名单、厂商或供应商名单、专有计算机软件、客户信息、未决诉讼、异常或敏感的发展管理情况，或重大资产的购买或销售。只有在正常业务过程需要时（即在其职责范围内，出于合法理由需要知情时），才应与他人分享公司或商业机密信息。竞业禁止和保密协议都是保护知识产权的工具。

反过来说，员工不得向自己的公司披露从其他公司获得的信息，在这种情况下，其他公司有理由期待该信息会被保密。换句话说，机密信息不可展示、传播。你的公司既不希望分享其机密信息，也无意打探任何其他公司的机密信息。与媒体对话也是如此，如果公司没有同意你与媒体对话，那么你就没有资格跟媒体透露任何信息，无论是保密信息还是其他信息。换句话说，当涉及与媒体的对话时，如果你不知道谁应对此负责，那么你就无权透露任何信息，毕竟你不是负责人。

举报与人身攻击：匿名和恶意投诉的 应对措施

诚然，所有员工都应该受到保护，不能因举报可能违反反歧视政策的非法活动或举报老板的不当行为而受到报复。但是，这些指控必须是善意的指控。大多数公司给予员工匿名上报的自由，这也是他们应该做的。无论是上市公司还是私营企业，在大多数情况下，公司都希望员工有途径能够立即、直接联系到董事会或企业负责人。毕竟，如果由于员工不知道如何上报到高级管理层，导致公司没有意识到问题，那么首席高管（如 CEO、CFO、COO）得到消息时可能为时已晚。因此，尽管法律上没有要求，许多私营企业依然会发布行为准则，这很有商业意义。

然而，这种公开和透明也可能存在一定弊端。

允许员工自由地匿名投诉管理者，可能会在无意中打开一个潘多拉魔盒，员工可以毫无根据地指控却很可能不会受到明显的惩罚。同样，由于熟知公司书面政策中的举报人保护措施，许多员工已经意识到，与其等待在提出投诉后被公司解雇、降级或以其他方式处罚，不如先发制人——"在老板有机会批评我的工作表现之前，我会先对他的行为提出指控"——这可以为他们提供保护伞，即对公司提出报复性指控。

那么，作为一个负责任的公司领导，如果你怀疑匿名投诉背后的人实际上是在对你进行人身攻击，你该如何处理？你如何恰当地回应团队中匿名的投诉——他可能会大肆散布毫无根据的谣言和闲言碎语，让公司陷入一场又一场徒劳无益的调查？在投诉人的个人隐私权和对被指控者（通常是主管）的恶意诽谤之间达成微妙的平衡，除了可能使公司面临官司，还可能会让每个部门主管和人力资源主管陷入道德困境。即使是对最强大的公司和最有信心的领导者而言，直接、恰当地解决这样的职场问题都是一项特别困难的挑战。因此，最有效的方法是将法律指导与常识相结合。倘若有人对你提出指控，你可以寄希望于人力资源部、公司法律顾问或外部调查员，他们可以针对具体事实进行详细调查——只是要确保你自己不参与调查过程，避免有人质疑你的参与可能影响调查结果。

例如，某人涉嫌对考勤卡做了手脚，这个职场指控调查和核实起来可能相当简单。但是，如果有一封匿名信声称某主管与下属发生了不正当关系，该怎么办？如果这封匿名投诉出现在监察专员的邮箱里，同时主管的妻子又收到一条匿名短信，称她的丈夫与一名下属有染，那该怎么办？在这种情况下，这件事就变成了私事，很不光彩，被指控的主管往往会感觉自己在工作中遭到攻讦，同时他又要拼命地修复与妻子的关系。这是一种典型情况，两把枪同时对准了雇主的脑袋——一方面是匿名投诉人称自己担心歧视、骚扰和潜在的报复，另一方面是主管威胁要提起诽谤诉讼。

为了解决此类人身攻击，人力资源部通常会首先要求匿名投诉人（通常通过虚构地址的电子邮件向公司反映问题）自己站出来，以便公司协同寻找解决方案。如果这不起作用，他们通常会进一步交涉，询问应该与谁面谈以核实这些指控。在调查的初始阶段，匿名投诉人显然是在幕后指点乾坤，但人力资源部试图让该人参与调查过程，这既是正确的做法，也是最具法律可行性的解决方案。

接下来会发生什么取决于初步调查结果。如果人力资源部几乎无法找到确凿的证据来证实最初的匿名投诉，那么对他们来说，悄悄地结束调查可能是最简单的解决方式。他们只会通知投诉人已完成初步调查，但无法找到向被投诉人索赔的依据，因此在与法务部核实后，选择以"并无发现"来结束调查。调查将草草收尾，不会有进一步的说法——除非投诉人选择自己站出来，向人力资源部提供更多信息。

另一方面，人力资源部或高级领导层可能希望采取不同的策略。在此类调查中经常出现的情况是，投诉人提出的要求可能很夸张、断章取义，或似乎对被指控主管的行为强加恶意，而实际上主管的这些行为并非恶意。如果一项投诉看上去毫无价值，人力资源部可能会建议业务主管不要轻易结束调查，将其束之高阁；相反，人力资源部可能希望与投诉者合作，与投诉者所在团队或部门公开解决问题，帮忙"治愈创伤"。

如果是这种情况，人力资源部（或你的顶头上司）可以考虑按以下方式解决这个问题。首先，与公司内部或外部律师核实，以确保你得到适当的法律咨询，帮你整理与团队沟通的话术。其次，征求高级领导团队同意，确保在人力资源部陪同下，你可以与团队其他成员公开处理此事。人力资源调查员或你的上级——在你在场的情况下——可以为团队召开"调查会议"做好准备，具体如下。

人力资源部：

关于人力资源部针对投诉进行的调查，虽然不方便透露细节，但我希望大家知道，作为负责任的雇主，我们已经履行了承诺，及时进行了彻底调查，并得出了合理结论。

但在结束调查的同时，一些问题不容忽视。我们不知道当初是谁提出了指控，这没关系。但我想提醒各位，虽然你只是躲在幕后进行了一次匿名投诉，不会因此受到惩罚，但这会对某人的职业生涯和个人生活造成实质性的伤害。

直属上级／部门经理：

我对此事的发展感到失望。指控内容严重夸大，证人无法证实这些指控。这仿佛是针对约翰的人身攻击。此外，我们多次邀请匿名投诉人与我和人力资源部一起参与调查，但没有得到回应。匿名投诉人没有站出来。既然如此，我们认为对于约翰的检举是毫无证据的，是卑鄙的造谣，这就是我邀请约翰参加本次会议的原因。约翰，我想代表团队为此事向你道歉。我认为我们应该公开澄清此事，我很抱歉。

至于团队的其他成员，如果你们有合理的问题或担忧，可以随时与我面谈，或以匿名方式提出投诉——投诉可能会给别人的职业生涯带来风险，我希望你们今后都能以更负责任的方式行事。本次调查已经正式结束。但你们目前的表现我不满意，我对你们这个团队的期望要更高。我们可以做得更好，倘若有人对我们团队中的一个成员提出毫无根据的投诉，那么我们中的任何人都可能成为他的下一个目标。我对你们的期望更高，你们也应该对自己的期望更高。我希望你们都能花时间考虑一下，这次事件对约翰、他的家人以及团队的其他成员的影响。希望我们能心存更多善意，能够更好地相互扶持，带着感恩之心，对公司、对我们的工作以及对同事更加关心和信任，共同前进。

在对蒙受不白之冤的当事人公开道歉，以及重新提出团体期望之后，你就有最大的机会可以治愈投诉带来的无形创伤，同时保障公司的举报政策和对举报人的保护。开诚布公地解决问题不失为有效的疗伤方法，这将大大有助于避免员工心血来潮进行匿名举报，同时有助于团队修复破裂的关系、恢复同事间的友爱。不要忘记同侪意识的重要性，虽然管理层可能不知道谁提出了匿名投诉，但团队成员可能知道。像这样公开处理可能无法自上而下地解决问题，但可能有助于从侧面解决这个问题。在管理层可能成为受害者的情况下适当使用，可以在最大程度上减少员工的不当行为。

内部职场调查：你的第一道防线

进行职场调查既是一门科学，也是一门艺术，这项工作通常交给人力资源部门或其他中立的第三方来做，尤其是当投诉对象是领导者时。还有一点很重要，你需要了解职场调查的基本知识——你可能需要与人力资源、外部顾问或律师打交道，调查可能涉及你团队成员的指控。但有一点是肯定的，那就是所有参与调查的管理层成员显然自始至终都是基于相同的假设推断执行事实调查任务的。

虽然没有一本书可以涵盖如此广泛的主题，而且想用一本书取代健全的法律，从书中找到具体情况（你作为雇主可能会遇到的情况）的解决措施并不完全可行。但了解职场调查的基本知识至关重要，由于不遵守内部规则或基本准则，许多公司因此陷入困境，踩了雷。职场调查的原则应该包含三个方面：

- 一方面要确保公平性、一致性和高士气，另一方面要在法律上寻求保护。
- 了解何时会因潜在的利益冲突，或仅仅因参与调查过程而可能遭遇报复性举报，适时回避参与调查。
- 在记录调查结果并及时得出合理结论时，应当进行口头和书面沟通。

对于上述第一点原则，请理解职场调查，就其性质而言，会在受影响的团队成员中产生巨大的焦虑和不安。因此，调查应尽快完成，不应拖延或久久不下定论。换句话说，如果可能的话，长痛不如短痛。至于作为雇主的法律义务，以下是法院对从事此类活动的雇主的期望：雇主有义务及时进行调查并得出合理结论。

《萨班斯－奥克斯利法案》：合规、反骚扰和有效的内部调查

没人指望你有一根魔杖，轻轻一挥就能看透员工的内心和灵魂。法院认识到，调查受其本身性质的限制，因此认为"排除合理怀疑"或"优势证据制度"等法律标准不适用于职场调查。你只需要合理、负责、及时地采取行动，就能得出合理的结论。这就是说，你必须运用常识，在采取行动之前听取涉事双方的意见，调查证人或审查可以证实某人投诉的文件，并确保证明某一举措（尤其是终止劳动合同）的书面记录全面、有据可查，并且经过深思熟虑。当然，也要及时采取补救措施，解决你在善意投诉中了解到的问题。

对于上述第二点原则，由于你在公司中所处的位置和所任职务的性质（例如，直接主管、部门主管或部门负责人），有时你无权以任何形式参与调查。简单来说，如果你的团队中有人提出，你可能仅仅因参与调查就会遭到报复，你就必须适时而体面地退出调查。事实上，你可以考虑提出一个折中

方案：在调查当天居家办公。这样，就不会有人指责你身在公司影响了调查结果。

然而，还有另一个关键的考虑因素。商业行为声明通常称"员工和主管不得自行调查"。一定牢记，试图过度影响调查过程，可能会产生比调查起因更具破坏性的结果。

这是因为试图干预或影响本应客观和公正的职场调查严重违反了职场行为规范，可能导致你被立即解雇。公司在调查时不能随意扭曲道德规则，任何试图过度影响调查结果的人都可能因伦理违规问题而被解雇。毕竟，涉及职场道德伦理问题时，问题决定了结果：无论你的资历多老、有多受欢迎，或者做出过多少成绩，严重的伦理违规可能会让公司别无选择，只能终止你的劳动合同，哪怕你是初犯。简而言之，你可能是在玩火，所以要非常小心，以免玩火自焚。

同样，不要对员工说"别去找人力资源"或

《萨班斯－奥克斯利法案》：合规、反骚扰和有效的内部调查

"家丑不可外扬"。太多的管理者试图通过暗示，甚至直接威胁来控制团队，防止将问题闹到团队之外。但这是一个职场雷区，原因很简单：你会留下公开的记录，团队中所有员工都可以证明，你以某种方式直接威胁他们——无论是采用直接威胁还是采用某种隐蔽的威胁——他们会因事态严重性已经上升到超出你直接控制的程度而受到纪律处分、被解雇或遭遇其他报复。仅凭这一事实就足以对你采取重大的纠正措施，甚至是解雇——无论问题本身是否严重。

请记住，被惹恼的员工记性都很好。如果你的团队中有人怀疑你可能会在六个月或一年后对他们进行纪律处分或解雇他们，该员工（很可能是一个精明的消费者）可能会向人力资源部上报，他在你手下工作感觉受到了威胁，你在创造一个充满敌意的工作环境。怎么办？"去年春天，我的老板威胁我们，如果有人想去找人力资源部投诉，他会找出

是谁打了小报告，想办法炒了他们。"而人力资源部自然可以轻易确定这种威胁的真实性，毕竟，你同时警告了整个团队。团队里有 15 名员工，所以针对你的指控有 15 名证人，他们可以向人力资源部证实这位受害员工的投诉。这不是把事情搞得一团糟吗？

相反，你要鼓励团队员工将问题上报给你的老板、部门主管、人力资源部门，甚至是公司的内部律师（如果他们认为有必要的话）。你可以事先说明，如果他们在把本部门的投诉上报公司其他领导之前，预先通知你一下，你会很感激（但提不提这一点取决于你）。更重要的是，你团队中的每个人都明白这点，并对此感到舒适——如果他们觉得有必要，可以随时将事态上升到团队之外。这就是你希望留存的，在正式处理团队关于职场投诉或其他问题方面的公开记录。公开、合理、公平。同样，它建立了信任，创造了一种健康的透明文化。但其核心是创建一个由员工见证的公开记录，证明你愿意允许其他人在他们认为必要时将事态扩大到本团队范围之外，这样可以保护你。简单来说，以这种方式公开树立你的期望，如果有一天你被指控行为不当，需要接受职场调查，这确实可以保护你。

对于上述第三点原则，请记住，你不是一个人在战斗。无论你是被指控还是参与事实调查，一旦突然对你进行职场调查，请记住，你不能与人力资源部、调查员或内部律师过度交流。按常理来说，调查进度会即时公布。请记住，及时进行调查是法院对于管理者和雇主的期望之一。因此，你要做的是根据你的发现、新的线索、新增的证人或你所了解到的可能发生的变化，不断进行沟通。在调查过程中，及时沟通很重要，再怎么强调都不为过。此外，你不是专业的调查员——除了调查你还有很多工作要忙——所以要信赖专业人士，与他们保持密切联系以保护自己和公司。

最后一点，不要在调查临近终结时匆忙做出判断。如果你需要额外的时间来调查某件事，只需让被指控的员工休一个带薪的调查假。这可以为你赢得额外的时间，来确认事实、研究文件和约见证人。太多的公司匆忙解雇员工，到了诉讼阶段才知道他们没有做足功课，没有约见证人，或者没有审查投诉人（也就是被指控的前雇员，现在他正因不当解雇而对公司提起诉讼）提及的文件。在达成最终结论之前，不妨放慢速度，确保所有相关方（运营部、法务部和人力资源部）都同意最终决定。这样一来，假如有一天诉讼降临到你头上，也不会有任何意外，每个人都会支持你。

《萨班斯－奥克斯利法案》：合规、反骚扰和有效的内部调查

政策（法律的文字）、行为准则（法律的精神）和过去的做法

你有没有想过，为什么公司会有这么多涉及职场的文件？公司政策、程序手册、员工手册、商业行为声明、企业使命、企业愿景和价值声明等，它们都有不同的用途，你必须了解其作用。然而，更重要的是要明白实践胜过政策。换句话说，在法庭上，比起手册或公司政策和程序手册中的指导，公司对政策的实际应用更重要。我们先来看看通常的做法。

手册、政策、程序手册，它们只是规则，不能告诉你在特定情况下该怎么做，所以不要过于迷信它们一般来说，你必须查看所有特定情况下涉及的"全部事件"和本公司过去的做法。在把事情上报给人力资源部门或公司的法律顾问时，你通常会得

到这些信息。举个例子，如果一个主管跟你抱怨，他的团队成员让他"滚蛋"，你的第一反应可能是二话不说解雇这个下属。但是，如果是这个主管先对员工说了这个词，该怎么办？你还会认为应该解雇这位下属吗？或者他们两个都应该离职？如果团队中的每个人都这样互相开玩笑，那该怎么办？不顾前因后果，断章取义，然后以某人严重不服从命令为由解雇他，这是否合理？

此处的经验是，你必须看看本公司在过去是如何处理类似情况的。孤立地看待任何事件——无论多么恶劣——都可能反映出你在对其下结论之前没有做足功课。请记住，任何事都有两面。如果你要用公司进行的不完整调查（或原告律师的理由）来解释你最终终止劳动合同的决定，偏信一面之词可能会使公司处于劣势。同样，请记住，政策是作为指导方针而存在的，但它的价值只在于被贯彻执行。

《萨班斯－奥克斯利法案》：合规、反骚扰和有效的内部调查

　　相比之下，职场政策和程序十分重要，因为它们规定了如何处理在办公室或车间发生的员工矛盾：反歧视、加班、药物滥用，还有其他用于指引你逐步处理问题的政策。不过，根据经验，每当你认为需要查阅员工手册、部门政策和程序手册时，请迅速致电人力资源部门、内部法律顾问或其他类似相应部门，询问公司在过去是如何处理类似情况的。第一，你会立即发现自己不是唯一遇到了这种问题的人，而且人力资源部门可能在过去已经遇到并处理过类似情况。第二，你可以快速了解公司过去是怎么做的，这样你就不用完全根据"规定"上的要求来做决定了。第三，请记住，对于某些特殊情况，大多数公司的态度都是"规则就是用来打破的"。因此，抓紧时间给人力资源部门打个电话，看看公司以往对特定政策或标准操作程序的执行情况，这对你和公司来说都是非常有利的操作。

　　如果说政策概述了公司定义的法律条文，那么

行为准则（也就是所谓的企业道德声明）则传达了法律的精神。企业道德声明并不是为了进行逐行解释；相反，它旨在讲述员工伦理、道德和恰当的职场行为。来看一个例子。一家生物制药公司从事血液相关产品的工作，从全国各地的设施中抽取血液样本。有一家血库设施由一对夫妻经营，其中妻子是总经理，丈夫是质量主管。质量主管需向总经理汇报。这位总经理因非法持有毒品被捕。质量主管（丈夫）是否有义务向公司总部汇报总经理（妻子）被捕的情况？

人力资源部门负责人的答案是肯定的——质量主管有义务主动披露自己妻子被捕的消息，因为她是工厂的总经理，她会缺勤一段时间，而且她被捕的原因是非法持有毒品——本公司是生物制药公司，从事血液制品生产，并从采集的血液制品中生产药物——这会对公司产生直接影响。有趣的是，这位质量主管提出了相反的观点：他没有义务披露

《萨班斯－奥克斯利法案》：合规、反骚扰和有效的内部调查

妻子被捕的消息，无论她被捕的原因是什么。他的原话是："请告诉我，哪儿规定了员工必须告发自己的配偶，是员工手册、公司政策还是程序手册？何况，告发者有可能因此丢了工作。"

人力资源主管对此的回答是："你看错了规定。在这种情况下，你该遵守的不是公司政策、程序手册或员工手册，而是行为准则。我们不建议配偶双方担任上下级直接监督的职位——即使你们已经这样一起工作了几十年。其原因在于避免类似的情况发生，即一个人作为丈夫，需要维护自己的妻子，而作为质量主管，有义务维护公司利益。在这种情况下，向公司报告妻子被捕是你应主动承担的义务，但你没有上报。此时你没有违反任何法律条文，但违反的是法律的精神。在职场中，质量主管对公司的义务优先于丈夫对妻子的义务，你的决定显示出你缺乏判断力，严重影响了他作为质量主管的可信度。我建议解雇你，以免无意中为未来的类

似事件开创先例。"该公司的法律顾问表示同意，无人反驳解雇该质量主管的意见。

你需要记住一点，与政策不同，在捕捉员工不当行为方面，道德声明撒下了更大的网。目的永远不能证明手段的正确性。在这样的环境中，员工，尤其是领导，要达到更高的行为标准，"哦，我没有在手册上看到"这样陈旧的借口就不攻自破了。员工同样有义务参与公司的善意调查，他们无权装聋作哑，不能睁一只眼，闭一只眼。同样，典型的行为准则规定，管理人员有义务了解他们周围的情况，并有义务积极上报和披露他们发现的骚扰、报复或利益冲突事件——即使这些事件发生在其他部门。公司领导不能说："我不想卷入其中。"如果他们知道（或应该知道）发生了什么，但没有适当披露，他们可能会因不够谨慎和未能遵守公司的行为准则而受到个人纪律处分或丢掉工作。

故作无知（又名"故意失明"理论）

"知情"不仅意味着了解事情经过，而且还意味着故作无知，或不顾后果地无视信息的真实性或虚假性。有人故意装作没有看到某事，从而故作无知。故作无知还包括表现得好像"这是别人的问题"，这被视为一种与实际知情同样应受谴责的心态。

"不计后果地行事"意味着你选择不调查潜在问题。故意失明理论的提出，是为了对那些已察觉到可能有不法行为，但仍然有意识地拒绝采取基本调查措施来解决和减轻这种情况的领导者追究刑事责任。

《萨班斯－奥克斯利法案》无疑引起了美国企业的注意。一旦有新的法律称要让企业的 CEO 和 CFO 承担刑事责任，可想而知，该法律会在媒体和公司运营中获得大量关注。《萨班斯－奥克斯利法案》涵盖的内容广泛，涉及反托拉斯、内幕信息事务、政治和慈善捐款以及国际反抵制法等商业伦理问题，它最重要的贡献无疑在于对财务合规和内部控制的重视。

《萨班斯－奥克斯利法案》本质是关注人类行为和道德伦理，接受过《萨班斯－奥克斯利法案》培训的公司会更加重视在职场中维护商业伦理道德和职场行为最高标准的重要性。现在，你的权利和责任前所未有地清晰。为此，无论是作为员工还是投资者，你都应该心存感激。

3

第三章

避开诉讼雷区

"任意聘用"原则：不能随意解雇员工吗？

你是否想过，"为什么不能任意解雇员工？"或者"如果员工工作表现不佳或出现了不当职场行为，我们难道不能全权处理，任意（即无故）解雇他吗？"如果你对劳动相关法律的历史有更深入的了解，就会更加清楚自己享有的权利和面临的限制。在18世纪美国建国之时，美国的就业法借鉴了当时英国的大部分法律，"劳动合同仅出于正当理由而终止"是其中的一项。事实上，美国宪法第十四修正案后来保障了职场正当程序等权利，这是基于这样一个事实，即工作权利对美国公民十分重要，不应任意或未经正当法律程序而被剥夺。从本质上讲，工人对其工作享有所有权，公司不得在没有正当理由的情况下随意辞退员工。

这一切在20世纪30年代大萧条时期发生了变

化。当时资本主义受到了威胁，国会采取了一切措施来确保企业能够继续经营。"任意聘用"原则因此诞生，就业权转移到了公司，公司保留了完全的自主权，可以任意终止劳动合同。

第二次世界大战后，工会获得了美国企业的支持。但这并不是工会成为人心所向的原因。大多数受访者在调查中认为，从20世纪40年代末至20世纪50年代，通过集体谈判能获得更好的工资和福利，这推动了工会的发展。实际上，工会以职场正当程序的形式承诺提供工作保障，他们做出的承诺是，如果你的公司加入了工会，你将不被"任意聘用"原则约束。公司将不得不遵循"劳动合同仅出于正当理由而终止"的标准，这意味着你不会被任意解雇；倘若你的工作表现有问题，或你的职位有风险，一般情况下，公司必须以书面形式通知。因此，工人们涌向工会，会员人数激增，工会成员数量在20世纪50年代达到顶峰，当时大约有35%的美国劳动力都签署了某种形式的集体谈判协议；今天，这一比例占了美国劳动力的 12% 左右（大部分在公共部门企业）。

工会成员数量减少，一个关键原因是美国侵权法的颁布。在 1980 年 Tameny 株式会社诉美国大西洋里奇菲尔德公司一案中，当时的加利福尼亚州最高法院法官罗斯·伯德（Rose Byrd）裁定，一个拥有 15 年工龄的员工不能因拒绝代表雇主参与价格操纵而在"任意聘用"原则的保护伞下被解雇。公共政策例外的情况首次出现，"任意聘用"原则的例外情况使得公司更难利用"任意聘用"原则的肯定性抗辩终止劳动合同。具体来说，任意聘用的四大类例外情况包括：

- 公共政策例外情况（例如，在 Tameny 株式会社案中，举报或以其他方式参与受保护的协同活动，会破坏公司根据"任意聘用"原则的肯定性抗辩下任意解雇员工的权利）。

- 法定的例外情况 [即受保护的阶层，如 1964 年《民权法案》(Civil Rights Act) 第七章中概述的，该法案禁止基于性别、种族、肤色、宗教或民族出身的歧视]。

- 就业合同（包括集体谈判协议）。

- 隐含的合同例外或隐含的诚信与公平交易契约（特别是与员工手册中的潜在承诺有关）。

目前，补救雇主在职场的渎职行为的机制主要是原告的律师，而非工会。在就聘用关系提起诉讼要求索赔时，职场正当程序的概念仍然存在争议。然而，关键是雇主是否了解如何在法庭上使用"任意聘用"原则与"劳动合同仅出于正当理由而终止"的标准。

在听证会阶段采用"任意聘用"原则的肯定性辩护，目的是以简易判决的形式立即驳回案件。公司会说前员工是适用"任意聘用"原则的，公司没有采取任何行动终止任意聘用关系。因此，公司的辩护律师将依据公司与前员工建立的"任意聘用"关系，请求法院驳回此案。如果法官批准了基于"任意聘用"原则的肯定性抗辩的简易判决，那么案件在听证阶段就结束了，简单明了。

糟糕的是，对于大多数公司的辩护律师来说，90%的索赔要求不会在简易判决听证会阶段被驳回——他们会继续进入诉讼程序的下一个阶段：审判。一旦案件进入审判阶段，几乎不再有所谓的"任意聘用"原则的肯定性抗辩。在审判阶段，唯一可能被考虑的标准是"出于正当理由终止劳动合同"。因此，一旦案件进入审判阶段，美国的法律体系又会遵循18世纪建立的"劳动合同仅出于正当理由而终止"的标准。俗话说得好，"没有证据便无事发生"。

因此，实际上，公司不能仅仅因为员工适用

"任意聘用"原则就随意解雇他们。在无法预知未来的情况下，公司无法知道案件是会在听证阶段利用"任意聘用"原则的肯定性抗辩赢得简易判决，还是会进一步审理。因此，当涉及凭员工的"任意聘用"状态与记录在案的渐进性纪律来证明公司有理由终止劳动合同时，二者不是任选其一即可，必须兼而有之。每家公司都应努力保护与员工的"任意聘用"关系（为了在听证会阶段赢得简易判决），但也应预先准备好在审判阶段证明公司有理由终止劳动合同。终止劳动合同的理由通常如下：记录在案的渐进性纪律警告、年度绩效评估不及格。如果真的进入审判阶段，你肯定会庆幸自己手中握有这些材料。

如果下次有人问："如果采用的是'任意聘用'原则，我们不能解雇员工吗？"你可以这样回答："不能。'任意聘用'原则只存在于法庭，而不是职场。我们只有 10% 的概率在听证会阶段胜诉并赢得简易判决，这对我们来说风险太大。但确保我们的文件齐全，我们就必然能在审判中获胜。"这个回答会让他们对你刮目相看。

"文件、文件、文件"的绝对规则及其重大限制

在审判中，工作表现不合格记录和不当职场行为的文件对于案件辩护至关重要。但更重要的是，这些文件对你的员工来说很公平。指出哪里需要改进，可以营造遵循道德伦理的职场氛围，让员工感到自己受重视。另外，基于领导干预（如渐进性纪律）带来的转变加上培训，所有员工都能获得平等的机会进行自我提升，避免表现不佳留下记录。实际上，作为优秀的企业员工，公司有责任展现、证明公司在提升员工能力方面做了积极努力。毕竟，这些文件都将需要向陪审团说明，他们会负责判定公司解雇前员工的举措是否合理合规。

但是，在记录过程本身会发生两个常见的错误：雇主经常不恰当地采取纠正措施，而后在起草年度

绩效评估时与之前留下的书面记录相矛盾。有些公司会以留档口头警告、书面警告和最终书面警告的形式，一步一步地进行渐进性纪律管理。渐进性纪律管理不仅是以书面形式指出错误的行为，而且还记录了员工行为给公司带来的负面后果，并重新设定期望，提供培训，以帮助员工提高绩效、改善行为，为员工提供个性化的资源（如员工帮助计划），并且允许员工反驳警告，并明确记录结果及未能即刻、持续改善的后果。这些步骤听起来相当麻烦啊。不过这实际上是相当合理的流程。毕竟，企业的责任除了指出失败或缺点，还有尝试以书面形式为员工提供资源、指导和工具以改善现状。

　　因此，如果"书面警告"只有一张纸，上面写着三五句话，那么说明公司没有真正提供彻底的纠正措施。如果你只能提供这些证据，证明公司"积极主动地改进员工"，那么在审判中可能很难获胜。所以，你要确保自己的文件齐全、合理，并能讲述案例，说明公司是如何努力为员工提供帮助的。如果渐进性纪律管理真的在发挥作用，它将指引公司整理出一个完整的书面记录，表明公司慷慨负责地尽到了义务，但该员工拒绝了公司提供的帮助，并单方面解除了劳动合同。

在许多企业中，证明文件不足是一个大问题，这在审判准备阶段会暴露得十分明显。但还有比这更可怕的事情：证明文件从开始到最后都不会送到员工手中。许多雇主遵循"文件、文件、文件"的策略，这也是许多律师在年度劳动法更新时建议的。但问题是：如果在问题发生时，你不向员工出示这些证明文件，文件本身就没有价值。作为一名人力资源从业者，我曾遇到过一些主管，他们带来了好多"证据"，证明员工表现不佳。然而，当我问起他们是否在事情发生时与员工分享过这些信息，他们羞愧地承认自己没有。对此，我的典型回答是："好吧，请把文件从我桌子上拿开吧，因为如果你没有在事情发生时将它出示给员工——无论是作为讨论话题或培训工具，还是作为正式的纠正措施（渐进性纪律管理）——仅仅留档的话，它没有什么价值。"简而言之，要实施渐进性纪律管理，通常必须从第一步开始——留档口头警告——即使员工犯的错误已经足以被解雇很多次。

情况更糟的是，尽管在过去一年中，管理者处理了无数问题（无论是否记录在案），但年度绩效评估中出现了"等级膨胀"，一举否定了迄今为止实施的渐进性纪律管理。换句话说，根据当事人提供的证明文件，你本人也承认，你之前对该员工问题的处理——有时是留档的书面警告，甚至是最终书面警告——被年度绩效评估所取代，而年度绩效评估大多会写该员工本年业绩"达到预期"。解决此种困境的关键在于：在出现纪律问题以后，一定要在本年的年度绩效评估中记录下来。同样，如果员工获得了客户的赞誉（如表扬信等），也要在年度绩效评估中提及。年度绩效评估的目的是记录每一件事。不要说"这个问题我早在 10 月份就记入档案了，不想在年度绩效评估再提出来，这就像对这个人进行了两次处罚"。无论何时，若你试图在仲裁员或法院面前证明公司以合理理由解雇了某员工，这种逻辑将使你和公司陷入困境。

下文存在什么问题？

8 月：口头警告

10 月：书面警告

12 月：最终书面警告

2 月：年度绩效评估"达到预期"

3 月：经理建议辞退

你答对了：年度绩效评估中的"达到预期"似乎证实了该员工在过去一年中的绩效贡献——尽管他受到了口头警告、书面警告和最终书面警告。这种不一致的书面记录可能会导

致原告律师认为你否认了这位前员工的正当程序，因为记录矛盾，该员工不认为自己面临被辞退的危险。年度业绩评估中的等级膨胀是公司在为不当解雇进行辩护时面临的一大难题。

最后，如果你对员工进行了太多的渐进性纪律管理，这在法庭上也会对你不利。是的，有这种情况，就是纠正措施太多。多次口头警告、多次书面警告，甚至多次最终书面警告——都可能在诉讼中成为陷阱。公司发出多次最终书面警告时，情况更是如此。你可以想象一下法官或仲裁员会问什么："为什么他有三个最终书面警告在案？对你来说，'最终'的意思不是最终吗？你的前雇员怎么会知道哪个'最终'书面警告才是认真的？我认为多次最终书面警告混淆了他的认知。这与你自己的政策不一致。尽管你进行了多次渐进性纪律管理，但我认为你没有对此员工采取恰当的职场程序。尽管有多次最终书面警告，你还是擅自解雇了他，所以我不会支持你做出的终止劳动合同决定，我会保留自己的看法。"

当档案中出现多个最终书面警告这样奇怪的例外情况时，可以添加一些说明，凸显这是"真正的""最终的"最终书面警告，例如："这是你最后的机会。公司不会针对你的这一不当行为或类似不当行为而采取任何进一步的纠正措施或给予其他最终书面警告。如果你再出现侮辱他人、剥夺他人尊严、公开羞辱他人的行为，或以其他方式破坏友好包容的工作环境，你将立即因此被解雇。"看到其中的逻辑了吗？仔细想想，这并不难，但大多数领导者需要好好琢磨一下渐近性纪律管理文件的一致性，这一点至关重要。

在电子邮件和书面信函中适当援引律师
与当事人的保密特权

　　许多管理者从未彻底了解过就业防御战略。虽然你可能希望自己永远用不到它，但最明智的做法是掌握《商法 101 问》（*Business Legal 101*）的某些知识，保护自己和公司免受不必要的法律风险。其中有一个领域非常重要，即律师与当事人的保密特权（以下简称为保密特权），但在商学院或内部培训研讨会上很少有人讲过。的确，你可能不会经常用到它，但它绝对值得添加到你的词汇库和领导力工具箱中。

　　当你在诉讼中需要发送信息（如信件或电子邮件），但不希望被对方律师发现时，采用保密特权是与外部或内部律师进行通信的一种方式。例如，在职场调查的过程中，你可能想保护某些通信信息，希望它们不作为证据引入之后的诉讼中。如果使用得当，保密特权应能实现这一点。

当投诉涉及严重问题（包括潜在的刑事索赔）、可能发展成诉讼，或有可能影响大量员工（如集体诉讼）等情况时，可以使用保密特权。如果你怀疑情况十分严重，可能会追究重大责任，最好在展开调查之前联系公司法务部门。因此，请务必事先讨论，询问你的内部律师或外部辩护律师是否希望所有特定的电子邮件或文件交换受到保护。此外，如果你对是否应该援引保密特权有所顾虑，请始终小心行事，并尽可能保护证明文件。更好的办法是在将任何事情写成书面材料之前，先给你的律师打电话。

请注意，援引保密特权也并非万无一失。你仅仅是将文件标记为"特权和机密"，并不意味着原告律师不会质疑该特权，也不意味着法院不会推翻它。因此，在交换你标记为保密特权的电子邮件、文件或其他电子信息时，请谨慎行事。毕竟，你还可能惊奇地发现，即使你认为自己严格遵循了下面的步骤，法官还是可能会允许另一方共享信息，并将其列入公开记录。以下步骤将有助于增加某一通信信息或一系列通信信息能够经受住法律审查并保持保密特权的机会。但你无法预知未来，也不能确保保密特权会得到支持，因为法院有权酌情拒绝保密特权。

话虽如此，你必须知道如何利用保密特权进行通信，以最大限度地确保它不会在未来某个时刻被法院推翻。要做到这一点，请遵循以下一般性规则。

规则 1：在写存疑的内容之前，先致电内部律师或外部律师，确定其是否受保密特权的保护。

规则 2：将通信发给你的律师。可以是内部律师或外部律师，但为了使保密特权生效，收信人必须是正在为你提供法律咨询和顾问的律师。当没有律师在场时，该特权不保护员工间的通信。换句话说，你不能向不是律师的老板发送电子邮件，并将其标记为"特权和机密"，因为如果没有律师在接收端提供法律分析和建议，就没有机制来保护该通信免受法庭过问。

规则3：在结束通信时，请你的律师提供法律意见和分析。如果你只是简单地将律师的建议复制到各种电子邮件中，而不寻求官方法律建议，你可能会在维护特权方面受到质疑。相反，为了维护特权，法官一般会希望看到你向你的律师征求法律意见和建议。如果顺利，在案件进入审判阶段时，你陈述的事实和律师建议的行动方案将不会成为证据呈到原告律师（以及陪审团）面前。

规则4：在通信的顶部或电子邮件的主题栏中标注"特权和机密：律师与当事人的保密特权通信"。这个提示需要很显眼，让收信人一眼就能看到。

规则5：只把文件拷贝给少数依法需要知道该信

息的人。请勿拷贝或将该文件分享给他人，否则可能会失去特权。毕竟，如果你拷贝了 15 个人的通信记录，法院很可能会推断这些一开始就不是机密或专有信息。因此，不经思考地和太多的人通信可能会危及特权。作为一项规则，尽量只指定律师一个收信人，或在律师之外再加一人（例如你的老板）。

规则 6：除非得到指示，否则不要将与律师讨论的内容透露给其他人。保密特权通信的性质是：高度机密、分发受限，并且是在严格的"需要知情"的基础上，在特定的时间点创建的。如果不按照这样的标准创建文件，可能会失去保密特权，并需要在随后原告律师针对公司提起的诉讼中公开你的信息。

律师与当事人的保密特权文件结构范例

电子邮件主题行：

特权和机密：律师与当事人的保密特权

通信

邮件正文标题：

特权和机密：律师与当事人的保密特权通信

邮件内容：

亲爱的某某（你的律师的名字）：

根据我们刚才的讨论，我想请你就以下事项提供建议和意见……（细节省略）

请在方便时尽早提供法律分析和意见，非常感谢。

——（你的名字）

同样，并非所有律师与客户的通信记录一旦提交法庭后都将被视为保密特权。所以请始终保持谨慎，继续以书面形式进行通信——就当你的文件不知何时会突然被用作法庭证据，被放在大电子屏上展示给陪审团看。为了防止你本人与律师的通信可能被用作对公司不利的证据，务必非常小心谨慎。如有疑问，请在点击发送按钮之前打电话询问律师。用本杰明·富兰克林（Benjamin Franklin）的话来说，就是"一盎司的预防胜过一磅的治疗"。

歧视性投诉的处理方法

在全国各地的法院都有许多真实的歧视性案件，所以你要加倍确定自己已经牢牢掌握了这个重要的就业法话题。一些行为可能会引起相关的歧视性投诉，因此你要主动处理——在你的职业生涯中，这个能力应该加入你的领导力工具箱。首先来看看一些定义。

歧视

基于受保护的特征或分类，对一类人进行区别对待。

骚扰

根据《民权法案》第七章，不受欢迎或冒犯的行为"严重或普遍造成了敌对的工作环境"。注意，各州定义可能与联邦不同，取消了"严重或普遍"的标准，以便更容易提出诉讼。

一些州的立法机构试图通过取消（或鼓励取消）造成"严重或普遍"敌对的工作环境的索赔标准，以降低提出歧视索赔和证明歧视的难度。

其次你要了解，诉讼常常受到当时发生的社会运动和事件的影响。例如 #MeToo 运动（女权）、黑人人权运动（种族）在其各自领域引发了诉讼，因为在这段时间内，这些群体内和群体间的意识形态问题成倍增长。若职场里一直存在不当言论，将引起怎样的可能难以辩护的法律诉讼？为了提高你对此的认识，我列出了一个简短的清单。

歧视性言论

■ 基于假设的歧视（"我不是穆斯林，但你认为我是穆斯林"）。

■ 连带歧视（"你一直在说我丈夫患有多发性

硬化症")。

- 将新冠肺炎疫情归咎于某些少数群体或种族的贬低性言论。

- 对少数群体推广活动或特定少数民族群体的平等运动的攻击性言论。

请注意：歧视可能来自同种族的人。

年龄

- 休假或裁员决定中的年龄歧视。疫情期间要求居家办公，或没有让年长员工重返工作岗位。

- 对"高风险"员工的整体待遇（年龄和怀孕）。

- 用较年轻的员工取代年长员工，即使这两个群体都超过四十岁（经验法则：如果二人都超过四十岁，但年龄差大于十岁，大多数原告律师往往会提出年龄歧视诉讼）。

■ 特定年龄的强制性退休计划。

■ 针对裁员的不同影响分析（通常发生在公司
裁员时，没有对那些可能受到影响的人进行
同侪分析，也没有在外部律师的帮助下审查
这一做法）。

移民 / 聘用状况

■ 移民 / 公民身份。

■ 针对移民的聘用规则。

■ 只讲英语的规则，可能获得允许，但必须符
合以下几点：①有商业上的必要性；②有严
格的针对性；③事先告知员工（例如，将患
者护理和安全需求联系起来）。

■ 祖籍或国籍：请注意，可以指一个国家，一
个以前存在的国家，或一个不是国家的民族
（如库尔德斯坦）。举例说明，用"白种人"

而非他们的正式民族名称来称呼员工，发表诸如"你的国家就该被核弹摧毁"或其他恐怖主义的言论。

■ 拒绝聘用没有"典型美国人"外表或形象的人。

■ 受犯罪背景调查结果的影响，不聘用少数民族的求职者。

宗教信仰

■ 未能适应工作时间表（如不在安息日或日落时分工作）。

■ 未能适应着装习惯（如头巾或头饰）。

■ 对信奉"真诚的宗教信仰"的小众宗教采取保护措施。

请注意：总体来说，宗教歧视诉讼很难进行辩护，而且往往取决于具体事实：①针对具体事实进行分析；②合法的商业需要；③重新要求的调和是否会对雇主造成过度负担，这是宗教歧视诉讼的主要考虑因素。

残疾 / 医疗状况

- 未能调整某人的工作或使他们适应继续工作的工作限制。
- 医疗或临时使用大麻［根据《美国残疾人法案》(Americans with Disabilities Act]，这通常不属于合理的便利，尽管这方面的法律在不断变化）。

请注意：每当涉及职场限制，修改职责或其他与医疗残疾有关的法律法规调整（永久的或临时）时，最好按照《美国残疾人法案》的交互流程指南进行"合理调整"的讨论。

我知道，这份清单令人筋疲力尽，喘不上气。

似乎任何员工都手握一百万个理由，随便找一个就能起诉雇主。确实是这样，但也不完全如此。虽然只需花费 100 美元就可以在当地县级法院提起诉讼，但原告律师通常是从事应急工作的律师，这意味着他们只有在胜诉的情况下才能获得报酬。因此，许多律师不会接这种案件，除非他们有把握能胜诉。另一方面，许多律师经常接存疑的案件，因为他们认为大多数雇主宁愿支付和解金，也不愿花钱雇律师为案件辩护。无论以哪种方式，最好不惜一切代价避免被起诉。一般来说，请牢记以下准则：

■ 在考虑接手新案件时，原告律师必须找到与联邦法律规定的受保护群体（种族、肤色、宗教、性别、国籍、年龄、残疾、遗传信息、怀孕、性取向和性别认同）或州法律规定的各类受保护群体之间的关联。

- 渐进性纪律管理的证明文件通常是绝佳的防御手段。原告律师希望案件中最好没有多少证明文件和双方各执一词的情况，从而避免引起误解或混乱（而这总是对他们及其当事人有利）。

- 书面记录很重要。如果案件中只有一份书面记录，原告律师往往不会接这个案子。如果书面记录不一致、相互矛盾或不存在书面记录，原告律师更有可能接手这个案件。

我一直不在乎被起诉——这是在美国做生意时常需要付出的代价。但对我来说有一点至关重要：我被起诉了，但一切在我掌握之中，而不是被别人牵着鼻子走。如果证明文件是严谨一致的，如果有多个证人可以证明某员工在公司受到了公平对待，或与此人相处困难，那么我就有坚实的基础来为自己辩护。本书和本系列丛书旨在让你准备好以公平、道德的方式处理所有的员工关系事务和人事实践，从而提升企业文化和你作为领导者的声誉，同时将聘用诉讼和责任的负面风险降到最低。

就业法上的关键差异：绩效与行为

各个企业通常将"绩效和行为标准"作为其政策、程序、职场期望和准则的总称。但是，绩效违规和行为违规之间存在巨大差异，关键在于你要了解它们在职场的不同处理方式。

绩效违规通常是指员工在质量、数量、速度、客户服务，甚至出勤等方面的生产力不达标（尽管许多公司在其渐进性纪律管理政策中将出勤与更宽泛的"绩效"类别分开了）。当这些方面出现问题时，公司应按照员工手册、政策和程序手册中规定的"职场正当程序"处理。具体来说，员工每次发生违规行为时，其行为所产生的一系列后果都会被逐个记录下来，并且每个渐进步骤都另有风险，这些风险表明如果不立即纠正其错误则会导致十分严重的后果。大多数公司都遵循"事不过三"的渐进性纪律管理模式，如下所示：

第 1 步：留档的口头警告

第 2 步：书面警告

第 3 步：最终书面警告

在发出最终书面警告后，公司将会给出终止劳动合同的最终"确切"理由。当然，也可能有例外。一个新员工刚上岗 30 天，可能会在没有事先收到书面文件的情况下被解雇，或在被解雇之前收到一个（公司为了维护自身程序正当而发出的）书面警告。这取决于公司对风险的容忍度，一些公司认为，发一个书面警告可以视为一种保险，防止被解雇员工聘请的律师提起诉讼，因为原告律师在考虑是否接手新案件时，常常先提出这个问题："你在被解雇之前是否收到过有记录的纠正措施文件？"另一方面，一个工作了 30 年的员工可能会因为有资历而在更大程度上享受到职场正当程序。例如，公司可能会发给老员工"绩效改进计划"或"澄清信"，作为渐进的附加步骤——这些步骤既记录了问题，又不会记入正式的纠正行动链，员工不会因此而被解雇。

无论什么情况，出现绩效违规时，一般认为公司应遵循其政策，并按照正当的职场程序告知员工其需要整改的行为，这样员工才能了解问题所在，明确他们需要采取的解决措施，以及若未能在合理的时间内解决问题会产生的后果。

行为违规则不然，如果先前没有记录在案的纠正措施，即使是第一次违规，行为违规也可能导致员工立即被解雇。即使公司不解雇初犯的员工，也可以直接给予最终书面警告——离解雇仅有一步之遥。

如果一个员工有盗窃行为，那么他面临的将是被解雇——即使是初犯。在行为违规案例中，问题决定了结果，这意味着公司没有不终止劳动合同的自由（即使它想这样做）。考虑到公司违规记录，只能解雇他，这是为了避免开一个不必要的先例。

毕竟，如果员工 A 有偷窃行为却未遭解雇，你怎么能证明在未来某个时刻解雇员工 B 的举措是正当的，而不会让人觉得你有歧视倾向呢？同理，贪污、欺诈、恶劣的性骚扰等行为也是如此。

如果有人在公司偷了东西，他们应该被解雇，这是合情合理的。所以你——管理者——解雇他是顺理成章的。解雇自己团队中从收银台拿走现金的人，这一举措十分合理。但是，对于那些完全不尊重或蔑视其主管或同事的人，又该如何处理？如果有人经常表现出"恶劣的态度"，破坏了同事情谊和部门士气呢？许多员工错误地认为（他们的主管也是如此）只要他们的业绩好，公司就不能采取任何措施来处罚他们的不良行为。

事实并非如此。员工要是这么以为，那就大错特错了。这对管理者而言也是关键的盲点，他们没有意识到自己可以通过渐进性纪律管理程序来解决这个问题。毕竟，所有员工都要对自己的绩效和行为负责，他们不可能只关注二者其一。每个人都应达到公司绩效考核标准，并确保同事在与自己一起工作时感到愉快舒适。简而言之，他们有责任营造一个友好和包容的工作环境，就像你和你团队的其他成员一样。

因此，把绩效 – 行为圈看作一个整体的两个部分，如下图所示，两者缺一不可。当调查发现有人欺凌、对抗、居高临下，或以其他方式干扰上司或同事时，请记住，如有必要，即使是初犯，也可以直接发出最终书面警告。同样，管理者的自主权往往比他们想象的更多，而且他们不应该受制于员工优异的绩效表现，否则他们就会像苹果里的虫子一样，行动束手束脚。

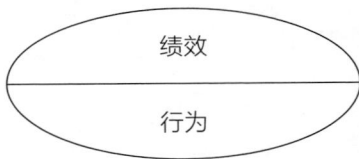

绩效

行为

绩效－行为圈——员工对二者都负有责任，因此，如果一个人绩效优异，但却一直存在行为和操守问题，那么他只满足了工作总体期望的50%，总体上是失败的。

也就是说，如果一个管理者要对某员工的违规行为进行处罚，没有特殊情况，他必须对其他员工相同的违规行为进行处罚。对不同员工的违规行为区别对待，往往会埋下歧视性诉讼的导火线。

相同待遇与一视同仁：潜在的道德泥潭

管理者经常会犯这样的错误，即假设每个人都必须得到完全相同的待遇，而事实上，他们需要的是一视同仁。有一种说法是："如果你只有一把锤子，那么所有东西看上去都像钉子。"在许多情况下，主管和经理拥有比他们想象中更多的自主权，简单地试图以完全相同的方式处理每一个违规行为，自主权就失去了意义。来看一个案例。

在任何情况下，在工作中睡觉都是一种严重的违规行为。但这个行为是需要第一次书面警告、最终书面警告，还是直接解雇？正如许多职场调查和员工关系问题一样，具体问题具体分析。被抓到睡觉的人以前有过这样的行为吗？这个人睡了多长时间？他睡觉是否对公司造成了负面影响，需要立即解雇；还是几乎没有影响，只需采取一点纠正措施？

不要只看睡觉行为本身，还要关注上班时间睡觉时的环境和情况，这对做出适当的决定来说很重要。下面是一些公司过去的处理方式：

- 一位保险理赔员被发现在办公桌前打瞌睡，因在工作中睡觉收到第一次书面警告。
- 一名在医院重症监护室值班的护士长被抓到在咨询台睡觉，收到了最终书面警告——即使是初犯——因为这种违规行为可能会危及患者的安全。
- 一名麻醉师如果在手术中睡着了会被直接解雇，因为这可能会导致患者的生命处于直接危险之中。

如你所见，决定惩处结果的不是睡觉行为本身，必须考虑上班时间睡觉发生在什么情况下，这种行为可能给企业带来的负面后果，通常会影响雇主的惩处决定。

在不同的情况下，一家公司对理赔员发出书面警告，对护士长发出最终书面警告，对麻醉师决定立即解雇，但处理方式是一视同仁的。在职场调查和员工关系方面不能一刀切，所以记住要看事件的整体性，而不是孤立地看待他们的行为举动。像往常一样，公司的适当处理是与人力资源部、法务部或企业中处理员工关系的部门交谈。不要擅自决定解雇员工：你没有理由承担这么大的责任，特别是在许多州规定，所谓的不良管理行为需承担个人法律责任。

是的，你没看错，个人责任。不要在无意中为工作中发生的问题自行承担个人责任，这可能会危及你的家庭或资产，他们付给你的工资不足以让你承担这些。很少有人知道，在许多州，被发现犯有非法聘用决定罪的管理者可能会因"在其工作范围之外行事"而受到高达 50000 美元的个人处罚。事实上，在黄金之州加利福尼亚州，对管理者个人的起诉金额没有限制。要防止自己遭受个人责任指控，最好的办法是在处置员工之前（无论是何种举措，如解雇）把这个烫手山芋丢开，先让人力资源部门对这件事情进行处理。

在工作范围之外行事：自毁前程

　　如果不讨论职场的一些"大人物"，我们就无法完成对职场调查的讨论：骚扰、歧视和报复投诉，这些投诉可能会严重损害公司内部士气，而且从责任的角度来看，可能会给企业造成巨大的损失。下面是通常会出现的情景：一位员工告诉主管她觉得自己遇到了职场骚扰，该主管没有向人力资源部门或上级领导披露此事。可能是出于个人利益考虑，且该员工要求主管对此事保密。但在涉及骚扰或歧视、潜在的职场暴力和与企业商业利益存在利益冲突的问题上，主管没有自主权，他们必须肯定地告诉员工他们将把投诉上报给人力资源部（或其他通常处理员工投诉的部门）。在法律上，一旦员工将问题告知主管，则整个公司都被视为知情。主管有"积极的披露义务"，若不上报，可能使公司利益严重受损。

当有关骚扰、歧视、报复或营造敌对工作环境的投诉在没有得到核实时，通常会间接出现另一种情况：主管或管理层只是假设，如果没有人提出正式投诉，那么公司就没有义务采取行动。"合理性"标准认为，如果主管或上级知道或应该知道（"实际"与"推定"知情）一个员工受到骚扰、报复等，就有积极调解的义务。"非礼勿言，非礼勿听，非礼勿视"——只看字面意思，不想知道周围到底发生了什么——这在法庭上是站不住脚的，也不利于在工作中维持良好的员工关系。在法庭上，企业被视为企业公民，人们会问，这个"公民"是否负责任地、适当地对其最易受到伤害、最弱势的成员进行保护和调解。

此外，公司的主管、经理和管理人员必须毫无例外地积极披露任何关于潜在骚扰、歧视、报复或营造敌对工作环境的投诉——即使投诉的员工要求不进行进一步调查。经理不能也不应该承诺对涉及职场歧视、骚扰或潜在暴力相关的事项保密。因此，如果有人要求你"不公开谈话内容"，请这样回答：

我不确定我是否可以答应你，这要视情况而定。如果你要告诉我的事情有关职场歧视、骚扰、报复，甚至可能引起职场敌对环境，或者与整个公司的潜在利益存在冲突，我将不得不上报并披露我们的谈话内容。我不能对此保密。也就是说，我可以保证我会做出最大的努力，在严格"需要知情"的基础上，对此事进行保密。不过，根据投诉的性质，我可能有法律和道德责任将此事上报至人力资源部、合规部或我们的内部律师。我还想提醒你，我们公司有严格的反报复政策可以保护那些善意投诉的员工。说了这么多，我们能坐下来谈谈了吗？

简而言之，这是一个"冰块融化综合征"，一旦你发现有人受到骚扰，你就没有保密的自主权，越快处理、上报和解决这个问题越好。同样，当其他团队的人抱怨自己的主管时，请注意不要踩雷，他们理应向有关部门上报。无论你有多想帮忙，如果问题涉及骚扰、报复、歧视或类似的指控，你的沉默就会让自己和公司陷入困境。在这种情况下，说服当事人与他的主管交谈，提议陪同她这样做，或是将此事上报给人力资源部。无论你选择做什么，在这种情况下，不要为此事保密。

接下来，了解员工在提出投诉时可能会使用更广泛的且定义含糊的术语。很多时候，他们并不十分清楚这些术语在法律上的实际含义，但他们像扔炸弹一样，希望通过这些术语来恐吓管理层。以下是一些常见的职场诉讼的术语及其简短定义，你应该牢牢掌握：

歧视：就业歧视是一种基于雇员属于（或被认为属于）受保护类别的"成员身份"歧视，包括种族、性别、性取向、宗教、国籍、身体、精神残疾或年龄。许多州都有自己的歧视保护法律和类别，通常比联邦法律的规定更细致。当员工或求职者称他们因受保护类别或任何其他非合法商业原因在就业条款和条件方面遭遇区别对待时，就会提出"区别对待"的索赔。

骚扰：骚扰是职场歧视中的一种，通常指因为雇员属于（或被认为属于）受保护类别而被迫处于不安全的工作环境中，且没有业务上的合理理由。职场骚扰投诉分为两个方面：

"敌对工作环境"：一种严重或普遍的骚扰形式，对雇员（受害者）的工作环境产生负面影响的骚扰。在进入诉讼领域的所有骚扰问题中，敌对工作环境占 90% ~ 95%。骚扰一定是违反当事人意愿的（也就是说，对当事人和任何一个处于这样境遇中的正常人来说，骚扰都具有侵犯性）。敌对的工作环境可以与性有关，但也可以基于种族、性别、宗教、国籍、肤色、残疾、性取向、年龄和其他受保护的类别。

"交换类"（Quid Pro Quo）：拉丁语意为"这个换那个"，交换类骚扰通常只占骚扰索赔的 10%以下，"试镜沙发"（即潜规则）就是常见的手段：演员为了得到电影中的角色，必须与选角导演上床。交换类骚扰是一种性骚扰。在这种骚扰中，主管或员工的上级领导以性行为（如约会和身体上的性行为）作为条件交换，如果员工拒绝合作，就会受到明显的工作损失和打击（如绩效不佳的评估结果、降级或解雇）。

报复：当员工的聘用条款和职场环境受到负面影响时，可能会出现报复性事件。因为他抱怨公司内部的某人，拒绝配合他认为不道德或违法的行为，或作为证人对公司提出歧视、骚扰或其他违反法律或公共政策的指控。

歧视、骚扰和报复在美国企业中十分常见。无论你是因为在公司内担任领导职务而被动成为索赔案的调查者，还是因为索赔案是针对你个人发起的而处于"调查的风口浪尖",请记住这一点:尽可能遵循首席调查员的指示。该首席调查员可能是公司的人力资源代表、员工、劳资关系主管,或外部顾问或律师。无论案情如何,此类索赔有可能使公司承担重大责任,并可能导致公司领导被"立即解雇"——在不事先采取渐进性纪律管理或纠正措施的情况下被立即解雇。

让我们看一个不幸但又很常见的案例以作警示——管理者与下属约会而不向领导层披露这种关系,往往会导致管理者被立即解雇。

有一天,一位行政助理突然去找人力资源部门,表示她再也无法忍受了。她已经被自己的老板,也就是运营部的副总裁性骚扰了九个月,她知道这是不对的,因为他已经结婚了。但她觉得身不由己,因为害怕如果不屈服于他就会遭到报复。人力资源部的人接受了投诉者的投诉,公开听取行政助理的诉求并做了详细记录。然后,人力资源部明智地让她带薪休调查假，以便人力资源部门能够通知相关方（例如，更高级别的人力资源部门、内部法务部、运营部副总裁的直接领导、首席运营官），并准备在投诉人不在公司的情况下展开公正的调查。

一旦人力资源部将这一指控上报给有关方面，并制订了调查计划和策略，人力资源部和首席运营官就会叫来运营副总裁，解释这一指控的性质并向他了解情况。他欣然承认了与助理有一段长达九个月的恋情，但声称这纯粹是你情我愿。"我们相爱了，我的婚姻岌岌可危，我不知道她为什么会站出来说这些，因为这只是我们两个人之间的私事"，这是典型的高管回应。

在这种双方各执一词的情况下，女性下属可能会要求律师提出交换类骚扰的诉讼，公司迅速决定解雇这位运营部副总裁。第一，除了她说因为害怕报复而被迫发生性关系以及他说他们的恋情是两情相悦，调查并不能证明什么。第二，根据大多数公

司的行为准则或员工手册，这位副总裁是没有披露
与下属恋爱关系的主要责任方。在这种情况下，没
有披露关系通常会被"立即解雇"，因为这种隐瞒
会带来巨大的责任（正如本案例所证明的那样）。
第三，公司必须立即保护自己免于承担进一步的法
律责任，表明它作为一个负责任的企业公民，在得
知问题后立即免去管理者的职务以减轻损失。第
四，公司必须坚持诚信原则，坚守其使命与宣言，
始终为其员工提供一个安全和健康的工作环境。

因此，运营部副总裁被当场解雇，而根据"严
格责任"的法律概念，公司现在要为该行政助理可
能提出的骚扰索赔承担责任。"严格责任"假设，
在涉及骚扰的案件中，公司会自动（"严格"）对其
管理人员的行为负责，这仅仅是因为他们是领导
者，应当肩负这样的责任，公司不会考虑其真实意
图、疏忽或过失。

对那个运营部副总裁来说，情况甚至更糟。如

果这个高管参加了骚扰培训、行为准则培训，并签署了可能涉及歧视、骚扰，以及披露个人关系、恋爱关系的义务的员工手册，这些都可以证明公司的行为是负责任的，并表明该高管是"在工作范围之外行事"。

所以，该公司可以将责任从公司转移到被告（前运营部副总裁）身上，从而降低公司面临的法律诉讼风险。不幸的是，这意味着前运营副总裁个人可能会因为这种"不良管理行为"而被起诉。在许多州，管理者个人可能会因此类违规行为被起诉，赔偿高达 50000 美元，而在加利福尼亚等州则赔偿金额没有上限。

重要的是，作为一个企业的领导者，你要了解培训的作用和企业的行为准则（在披露与下属发展的恋爱关系方面），以及如果你没有披露这种恋爱关系，公司可能采取的行动。你只需知道，下属很容易对上级提出"自愿"和"被迫"的恋爱关系指控。

4

第四章

道德领导力与维护职场道德:

新的发展之路

人力资源与智慧：历代教训

每本书都有自己的价值和优势。作家们通过自己的经验和收获写某种特定主题的书。在人力资源领域工作了三十年之后，我从高级人力资源领导层的角度撰写了本书。虽然听起来我富有洞察力并充满吸引力，但看着那些殚精竭虑的领导者不断踩雷，也会让人感到忧心忡忡。人力资源部门，如果做得好的话，可以示范高效的领导、卓越的沟通以及良好的团队合作。此外，它被视为致力于提高员工士气、伦理道德和专业能力水平的部门。许多人称，人力资源部比其他任何部门都更能反映企业的核心和灵魂。

大多数人力资源高管和从业者都希望他们能够站在职场的前沿，引导我们远离风险，远离监管员工带来的职场危险和闹剧。人力资源部门见证的许多愚蠢错误本是可以避免的，尤其是那些引起官司的错误，让公司和主管个人都陷入困境。因此，本书的目的在于提高一线管理者的沟通技巧和意识，提供实现成功管理的一般方法。以下是一些关键的策略和技巧，可以说这些策略和技巧能帮你避开原告律师的圈套；更重要的是，它能让你获得人们的支持，成为一个杰出的领导者。

家丑可以外扬

太多管理者不想把内部的问题闹到部门之外，让人力资源部门（或公司内的其他中立部门）知道自己部门存在问题。这些管理者把所有的问题都包揽在自己身上，有时甚至威胁团队成员，如果他们去人力资源部门提出投诉就解雇他们。可能没有比这更严重的领导缺陷了。公开表明会对任何向公司提出善意投诉的人实施报复，并留下记录，这很可能使行政领导或一线主管成为调查矛头的焦点。即使是初犯，也有可能被直接解雇，或至少收到最终书面警告。

毕竟，如果你的电脑出了问题，拿起电话拨打服务台绝不丢人。但你如果遇到人事问题，打电话给人力资源部门就太冒险了，不是吗？首先，他们可能会展开一些大型调查，让事情变得更糟。又或者，如果传出去，你无法处理团队中的人事问题，这可能会毁了你的声誉。这纯粹是无稽之谈！事实上，这就是你从事管理工作的作用——解决问题，确保团队生产力。

当你遇到人事问题时，就应该把这个烫手山芋丢给相关部门或相关人员。如果你的公司恰好有人力资源部，请记住，这就是他们的工作。如果你遇到绩效问题，要马上跑去找人力资源部门，并将这个亟待解决的问题与能帮助你的部门分担。如果公司没有人力资源部门，请将问题上报给你的主管。人力资源部门很可能早就注意到了这一切。让人力资源部门成为你的战友，获得一个帮手和客观的资源，帮助你在可能遇到的激流中航行。如果事件进入诉讼阶段，人力资源部也能做出详尽的记录。

同样，人力资源部可以帮助你避免一些管理者会犯的错误，他们可能没有意识到，自己的部门就是为了处理先发制人的投诉或其他类型的职场陷阱而设立的。你不要独自承担责任——这条路过于障碍重重和危险。而且不要忘了，这个高管的身份让你开局不利（至少在其他员工眼里是这样，比起管理层，他们通常更能共情一个可怜的被炒鱿鱼的员工）。事实上，许多员工在仍然受雇于你、为你工作的时候就已经得到了原告律师的指点。因此，你要与旨在帮助你提高领导效力、避免你踩雷的部门合作，尽可能获得优势。

不要以为有效领导等于令人生畏

女性领导经常陷入这样一种误区，即你必须刻薄、强势、凶猛，或者找到其他有威慑力的手段才能在满是男人的职场里竞争。新上任的主管也是如此。同理，很多男性领导也是如此。他们为什么这样想呢？如果在某种程度上人们不畏惧你，你就不会受到尊重，也无法在你的职位上发挥作用。如果你太和善，你走的每一步都会被利用。再说一遍，这些都是无稽之谈！美国企业的各个层级中一些成功的领导人都受人爱戴和崇拜。他们被视为培养者、优秀的倾听者、善解人意与无私的人。他们成功的秘诀并不在于向他人施加威严，而在于他们有能力让他人成为更好的人。与这样的领导者打交道时，员工会有一种特殊的感觉。员工能感受到领导者对人和工作的真正热爱以及帮助他人成就更好的未来的真诚。

吉姆·柯林斯（Jim Collins）在其畅销书《从优秀到卓越》（*Good to Great*）中，将这些人称为"五级领导者"——他们谦逊虚心，意志坚定，对员工的影响力巨大。

美国著名诗人玛雅·安吉洛（Maya Angelou）有句名言"人们会忘记你曾说了什么，人们会忘记你曾做了什么，但是人们永远不会忘记你让他们获得的感受"。

这绝不是说我们生活中出现的这些卓越的人并不常见。本书的目的就是激励你成为这样的领导者——能够吸引并激励他人成为最好的自己，让你的领导风格和真诚能够深入人心。这种领导力不是痴人说梦。事实上，它就在你身边。你要问自己的问题是，根据这种叫作无私领导的理念，你是谁，你选择成为谁？像生活中的每件事一样，你是第一张多米诺骨牌。要成为一个鼓舞人心的领导者，你只要稍稍做出改变，转变自己的基本想法。

有人质疑这种方法的可行性，因为它听起来好得不真实，或者过于乐观——想想这种领导风格可能带来的最糟糕的后果：人们不会尊重你，会不断利用你。好吧，在某种程度上这可能是真的——

至少在初期是这样的。但无私的领导者将他人的需求置于自己的需求之上，并期望他人以同样的方式回馈自己。而人性的美妙之处就在于人们通常会投桃报李。他们会感觉到你的真实和无私，并把你的需求（以及公司的需求）放在自己的需求之上。他们这样做不是因为畏惧或出于服从，而是出于本心。他们会感受到你对他们的尊重，让他们负起责任，并教导他们，使他们能够在自己的职业生涯中成长、发展。由于你开明的领导风格，他们会自我感觉良好，会比因为忠诚和自豪而甘愿付出更多努力。领导力的伟大之处就在于这些超出正常工作界限之外额外付出的精力、努力和善意。如果你眼里只有一个员工，这听起来可能是一件小事，但想想，如果一个部门或整个公司都向这个方向发展，会产生多么不同的效果。

　　偶尔有员工试图利用你的好脾气，怎么办？这可能会持续一段时间，但不久之后，同侪影响通常会解决问题，因为其他的员工会"改变"这个员工对利用领导风格所做出的错误行为。"嘿，别闹了。保罗不应该遭受这些，如果是他，他才不会以这种方式对待你或我们任何人。我看到了你的所作所为，我不喜欢这样，其他人也是如此，包括保罗本人。别再这样了，行不通的"。这种健康和"自我修复"的生态系统的美妙之处在于，你将创造一个环境，即使是"问题儿童"也会自我改正，因为他们周围的人已经因你获得了提升。这绝不是痴人说梦，而是非常现实可行的，成千上万像你一样的领导者已经做到了这点。那么，我们的目标只是把灯打开，让这种无私的领导力随处可见、遍地生辉。为了在21世纪的企业中有效地竞争，公司及其领导者将不得不使就业体验更加个人化、亲密化。这是国家商业发展和职场发展的未来，也是一个众人期待已久的现实变革，这将有助于遵守道德伦理的企业通过留住最优秀和最聪明的人才参与激烈的市场竞争。

多样性、公平性和包容性：任务关键型
企业的当务之急

多样性、公平性和包容性是所有企业商业战略中的关键部分。麦肯锡（McKinsey）和其他咨询公司以及众多商学院都证实，拥有多元化董事会、领导团队和员工队伍的公司，其业绩优于员工和董事会成员较为单一的公司。DEI 涵盖了如此广泛的业务领域，因此，让我们来看看如何优化你的计划，以招募、留住、发展和提升各种类型的人才。毕竟，即使没有管理顾问和研究大学的证据支撑，确保你的员工和董事会成员能反映消费者的人口统计特征也很有意义。

利用阿图·葛文德（Atul Gawande）的畅销书——备受赞誉的《清单宣言》（*The Checklist Manifesto*）中提及的策略，我们可以套用一个清单模板来探讨这个主题领域，以理解这种关键举措的广度和深度。我们知道，世界上一些最关键的工作就是在列清单的帮助下取得了成功。航空公司要求飞行员在每次飞行前使用清单核对；外科医生在开始某些复杂的手术之前经常会扫描清单；马歇尔·戈德史密斯（Marshall Goldsmith）等顶尖的高管培训师在其以利益相关者为中心的高管培训项目中建议在每次与客户接触前使用清单，并且他自己也使用清单，以确保工作到位并覆盖全领域。因此，无论你是在分析员工的构成特征、招聘统计、留任和晋升记录，还是分析营销和客户数据，在启动和加强你所在公司的DEI项目和举措方面，检查清单可能很有帮助。

起点

这并不是说像DEI这样重要的东西用一个清单就能搞定。然而，就本书而言，清单有助于展示DEI的影响范围，以便读者能够理解其应用的广泛。了解你提供服务的当地（或扩展）社区的多样性——你的消费者、顾客和客户居住在哪里，以及他们的人口构成，这是一个很好的开始。例如，如果你所在的公司位于洛杉矶以外的圣费尔南多谷（San Fernando Valley），当地人口构成可能是这样的：42%的西班牙裔，41%的白种人，12%的亚裔和5%的黑种人。了解这些为什么很重要？因为你了解你提供服务的社区的人口构成，就能以此作为衡量员工构成分析的基准。想获得这些信息相当容易——通过谷歌搜索或向当地商会或经济发展公司寻求帮助。

当然，DEI涉及的范围远远超出种族和性别，还包括年龄、残疾、性取向、退伍军人身份等。也就是说，建立一个你提供服务的社区和公司所在地的基准线，是一个好的起点。然后，内部多样性指标将帮助你了解自己公司的人口构成特征。最后，了解如何吸引更多样化的人才是一个简单的基准线，你可以根据它来衡量你的公司在DEI方面取得的进展。同样，这只是一个起点，因为比起简单的清单模板，DEI 更加错综复杂。但是，如果你想真正深入研究和分析这一关键问题，对当地和公司的人口统计进行基准测试是一个绝佳的起点。

清单模板

衡量人力资本的清单并不是一成不变的。随着新的见解出现，需要进一步的探索，清单也会改变、调整和演变。但保持清单最初简单明了的风格最有意义，同时也可以让清单随着新数据创造更多机会时自行扩展。

多样性、公平性和包容性清单模板

本地工人和扩展客户人口统计	研究有关公司所在地社区的统计数据，更重要的是，你所服务的客户和消费者。如果可以的话，从种族、年龄、性别、性取向、退伍军人和残疾统计数据开始
公司劳动力统计	按地点分析目前的劳动力人口统计数据，包括种族、年龄、性别、性取向、退伍军人、残疾状况和其他关键因素

公司多样性指标	针对你所关注的多样性取向的特定方面（例如，年龄、性别、种族），审查以下指标:（1）保有率;（2）内部职位填补率;（3）晋升率;（4）离职率，包括非自愿与自愿离职
员工生命周期分析和人才多样性	密切测量以下关键路径，以确定多样性趋于"下降"的位置:（1）寻找求职者;（2）面试筛选;（3）聘用;（4）留住人才;（5）内部流动;（6）继任计划。寻找障碍领域的趋势和模式，并围绕这些挑战有目的地建立你的招聘和人才保留计划以及离职面谈
人才智能（人工智能驱动）平台	人才智能（人工智能驱动）平台正在商业化，可用于识别内部人才并调整继任和高潜力发展计划。人工智能可以搜索相邻的技能，并关注每个求职者或员工的潜力;可以掩盖个人的身份，减少产生无意识的偏见;可以分析并指出在招聘周期或内部晋升过程中人数不足的群体。只要对它定期更新、监测和调整，人工智能可以"学习"多样性指标，以更好地实现多样性目标

质量四要素

当然，没有一个清单模板面面俱到，可以涵盖公司招聘、人才维护和晋升计划的本质和质量的方方面面。然而，清单可以帮你进行量化，确保你准备好促使计划成功的所有基础和关键要素。在质量方面，可以把以下四个大类作为起点：

- 劳动力 DEI：聘用、维护、发展和提升员工的多样性。
- 职场 DEI：创造一种植根于接纳和归属感的企业文化。
- 市场 DEI：吸引、满足各种客户和供应商需求。
- 社区 DEI：全面服务于公司所属的整个社区。

一个方案只有足够全面，将上述四个利益相

关项全都纳入其中，才能成为一个真正的 DEI 计
划，从而为你的公司和员工服务。不过不要搞错了：
DEI 不是可有可无的选择，它是企业的必要条件。
DEI 对于商业公司推动创新、取得商业成果和实现
可持续增长至关重要。制定有助于实现真正的多样
性、公平性和包容性的企业政策和相应的公司举
措，这既是道德层面的要求，也具有现实意义。事
实证明，它是吸引和留住"千禧一代"和"Z 世代"
员工的必要条件，同时也是践行环保主义和通过履
行企业的社会责任来回馈社会的关键。你不必苛求
一个完美的开始，只要开始就好。看看一个简单的
清单模板是否能帮助你规划公司的发展，以深刻领
会公司对这一关键的商业和道德要求的承诺更广泛
而微妙的方方面面。

特别说明：员工资源小组（ERG）是由员工自愿组成并主导的团体，通常具有共同的特征（如性别、种族、宗教信仰、生活方式或个人兴趣），旨在打造一个价值观一致的、更具多样性和包容性的职场。除了与朋友和同事合作，通常没有更好的方式能为你的利益游说——无论是企业的社会责任、环境的可持续发展、退伍军人就业，还是多元化的劳动力，你只需要付出一些精力和时间来组建和领导这样一个团队，其作用必定是显著的，而且有助于团队自我价值的实现。

对职场新人和非豁免员工进行必要的伦理道德教育

与获得卓越的领导力、沟通和团队建设等工作相比，你所做的日常小事也非常重要。无论你聘用的是刚毕业的高中生还是大学生，花点时间教他们在学校里学不到的东西——道德规则。太多年轻人在没有经过足够的了解和教育的情况下就进入职场，却发现自己处于调查矛头的尖端，因故被解雇——直到为时已晚才意识到原因。尽早提高职场新人的职业意识，让他们参与与职业成长和发展相关的所有活动。在他们来到公司时教他们一些人生经验，即他们第一次参与全职工作、面对职场有些残酷的现实情况时该如何应对。更重要的是，引导他们避免常见误区，他们的前辈可能曾因这些误区陷入困境，因为他们不了解学校和职场的现实状况可能存在很大不同。

错误的假设 1：如果我搞砸了，公司必须给我书面通知才能解雇我，对吗？

错了！在美国除蒙大拿州以外的所有州，新员工是被"任意聘用"的，这意味着无论有没有理由或通知，公司都可以解雇他们。蒙大拿州是唯一一个要求以正当理由解雇试用期外的员工的州。此外，大多数企业都有"介绍期"，也就是所谓的"试用期"，如果新员工不符合绩效或行为标准，他们可以随意解雇新员工。事实上，即使你被聘到工会工作，大多数集体谈判协议都给予雇主充分的自主权，可以在试用期内（通常是 60～90 天）随意终止劳动合同。因此，绝对不是公司先采取某种形式的纠正措施，而后才有权解雇你。

错误的假设 2：公司对待绩效违规的方式与对待行为违规的方式相同。

又错了！在大多数企业中，绩效违规和行为违规通常是完全不同的处理方式。口头、书面和最终书面警告形式的"渐进性纪律管理"通常用于处理绩效或出勤问题。但是，针对行为或基于行为的违规，往往采取"立即解雇"的措施，即立即终止劳动合同——即使是初犯。

我们很容易理解为什么一个公司会因盗窃、贪污、欺诈等行为而直接解雇某员工，但员工没有意识到其他类型的违规行为通常也会被立即解雇。下面是几个例子。

（1）考勤卡欺诈

在职场，时间就是金钱。如果你偷了时间，就和偷了钱一样，因为最终的结果相同：公司会把你非法取得的东西拿走。例如，如果你实际上没有加班工作，却填写了加班表，就是"考勤卡欺诈"。你可能没有从收银机里偷走 10 美元，但最终的结果是一样的：你多拿了 10 美元，损害了公司的利益。同样，如果你迟到了两小时，但伪造考勤卡假装准时上班，你会多拿到两小时的工资。同样，公司可能会将此行为视为盗窃，这道理浅显易懂。

此外，在此类情况下，雇主没有太多的回旋余地，无法不终止劳动合同。毕竟，员工的行为让他们别无选择。在发生盗窃（或本案例中的考勤卡欺诈）等严重行为后，如果不解雇该员工，可能会开一个不必要的先例。而且，如果不解雇有盗窃行为的员工A，后来又需因同样的原因解雇员工B，公司很难解释得清。简而言之，当涉及行为违规时，问题决定了结果：无论公司领导多么喜欢你、爱护你或崇拜你，如果你有恶劣的不当行为，公司将别无选择，只能因故解雇你——即使你是初犯。

（2）随意服用药物

员工在私人时间做什么通常由他们自己决定，但个人生活有时会不知不觉地渗入职场。例如，许多公司设有"目的性"兴奋剂检测，要求任何涉及滑倒事故或汽车事故的人都要接受"目的性"兴奋剂检测。下面讲讲它的一个实例。假设你的工作内容包括驾驶公司车辆，而你在办公室对面的一个停车标志前被后车追尾。虽然有人在你停车时追尾了公司车辆肯定不是你的错，但你卷入了一场车祸，这可能会使你面临兴奋剂检测。许多公司的政策在这样的情况下并不关注过错方，只要员工一旦涉事就需要接受药物检测。

不幸的是，检测后你低头一看，药物测试呈阳性。最终结果是什么？你被解雇了，因为你没有遵守公司的药物和酒精滥用政策。你现在是一个已经工作了的成年人，必须理解这点，你要对自己的决定和行为的后果负责。

（3）伪造就业申请

如果你离拿到学士学位还差四个单元的课时，但却在简历和就业申请中表明自己已经拥有学位，你会发现自己在不知不觉中又回到了失业队伍中。这是为什么呢？因为你伪造了就业申请，拥有了一个对别人不公平的优势，这使得你获得了这份工作……但这是基于虚假的信息。一旦公司发现，任何伪造工作证明的行为都可能导致你在上岗数周或数月后被解雇。同样，这不是针对某个人，他们只是不能冒着风险开一个不良先例——没有因你在就业申请中的重大造假行为而解雇你。替代方案：在简历和就业申请中确定标注自己离学士学位还差四个单元课时。

教训：当你的行为涉及违反道德规范或不诚实时，公司会迅速终止与你的劳动合同，毫无例外。换句话说，涉及与行为和行为相关的违规时，公司具有自主权，公司可以跳过所有书面纠正措施的步骤，立即下达解雇决定。当然，对你来说有两个坏处。首先，你会失去目前的工作。其次，在面试中，当被问及为什么离开之前公司时，你会很难回答。"由于我违反道德规范和公司的行为准则，所以我被解雇了"，这在求职时不是一个很好的开场白。

很简单，真实就好：永远说实话。不要走捷径，特别是在涉及电子记录时，这在审计中很容易被追踪到（公司一直在这样做）。而且最重要的是，在职业生涯的早期为自己树立声誉，做有道德的职场人，表现出最高水平的诚信。这将有助于你避开上述常见陷阱，让你在今后更好地适应职场，事业有所成就。

错误的假设 3：无人关注我。

与生活中的大多数事情一样，人们对你的关注比你了解到的要多。这意味着你对他人的影响比你想象的要大。你怎么知道的？多年后，人们走到你面前，感谢你给予他们的一些小恩小惠（你自己甚至都不记得），这时你才意识到自己对别人的生活有多大的影响。

总有人在默默关注你。这不是什么会让人紧张或偏执的奥威尔式理论。这是一个深刻的观点，即你对你周围的人有多重要，无论是在职场还是在生活的方方面面。在进入职场时，你真的想在事业上取得进展吗？只需遵循三条简单的规则：

- 微笑。创造一个温馨友爱的环境，让其他人在接近你时感到舒适，并被你吸引。

- 竭尽全力为你接触的每个客户提供出色的服务。表明你对自己所做的一切工作都很上心。人们尊重有能力者，但他们更喜欢与对工作充满热情和激情的人打交道。

- 寻找机会，承担更大的责任。每个人都会需要他人的帮助——是的，每个人，准备好为他们提供帮助。树立自己讲道德、有诚信的声誉。承担更多责任，随时随地提供帮助，并成为所有人需要帮忙时首选的求助对象。你要做的就是常常开口询问别人："需要帮忙吗？"

　　这三条简单的规则将把你的事业推向新的高度。你会结识新朋友，建立广阔的人脉，你会获得以前接触不到的机会，你还会从中获得乐趣。你将成为他人学习的榜样，在伦理和道德方面为他人设立标准。多做一些事情来帮助别人，然后你会得到回报，因为你在这个世上传播的所有正能量都会有好的结果。永远记住你是多么的特别，你的工作是一份礼物，它让你定义自我、重塑自我、回馈他人。

道德：个人层面的选择

我不仅是作家，还是派拉蒙影业和尼克国际儿童频道的人力资源主管，我职业生涯的大部分时间都与影视制作密切相关。人们常问我在"电影圈"工作是什么感觉，我总是说自己有多喜爱这些工作。不过，人终究是人——朴实、单纯。事实上，很少有人知道，在每个新制作季开始时，所有你喜爱的影视作品演员和工作人员都必须接受"职场尊重"培训，即反歧视和反骚扰培训。业内人士都知道，工作时遇上"有毒的片场"可能是件麻烦事，甚至要面对糟糕的舆论和官司。影视公司已经意识到需要在每个新制作季开始时进行反骚扰培训——这是一笔划算的买卖。因为这种培训从第一天起就制定了准则，简单明了，让所有人从一开始就达成一致：统一行为期望，不惜一切代价避免踩雷。

通常情况下，由一名律师带领培训，生产部门领导层就坐在前排，在必要时发表意见。律师和制片人比其他人更擅长这种类型的演示，我在派拉蒙片场曾听到过一个令我印象深刻的演示。以下摘自我在听一位制片人讲话时做的笔记，不是逐字逐句的记录——他显然是一位出色的领导者。你不妨看看是否可以与自己的团队分享类似故事，让他们感同身受，赢得他们的支持。

各位，作为执行制片人，我想说几句。我有一个比较宽泛的问题，不知道各位律师可否指点一二，那就是如何应对有毒的工作环境。我是认真的。不仅仅是告诉我们应该如何相处并接受彼此的分歧、意见和"世界观"。也不仅仅是在每个新电视季开始时，在制作现场进行"职场尊重"培训，请内部或外部的律师进行陈述事实般的演讲，我们还需要关注精神，要在情感层面上体现出来，真正做到这一点才能真正发挥培训的作用。积极主动地解决这一问题可以产生真切、持久的影响。但是如果想把这件事做好，就必须落实到个人。你是领导者，是榜样，这需要成为你的内在气质，在座的每个人都是如此。在今天，你不仅要说出来，还要把它刻在心里。这必须成为一个常规话题，而不仅仅是每年出现问题时才想起来解决，或仅在新制作季开始时才进行讨论。

先看一个简短的故事。你们中的许多人可能记得 20 世纪 70 年代的电视节目《快乐时光》（*Happy Days*）和《拉维恩与雪莉》（*Laverne and Shirley*）。这两个电视节目都由传奇的电视大师盖瑞·马歇尔（Garry Marshall）制作，分别在派拉蒙的 19 号和 20 号舞台上拍摄。在现实生活中，拉维恩的扮演者潘妮·马歇尔（Penny Marshall）是加里·马歇尔的妹妹。所以你会认为加里会更喜欢《拉维恩与雪莉》，对吗？事实证明根本不是这样。在他自己的著作《我在好莱坞的快乐时光》（*My Happy Days in Hollywood*）中，加里描述了在《快乐时光》片场大家相处得多么融洽。罗恩·霍华德（Ron Howard）对他来说就像儿子，年轻的演员如同尊重父母一样尊重年长的演员，每个人相互支持。为了进行宣传，剧组鼓励观众参观，和好莱坞电视史上的任何成功团队一样，演员们的关系很好。

《拉维恩与雪莉》剧组则不然。两位女主角都自诩当家花旦。她们像水手一样粗鲁地咒骂彼此，开除了编剧团队，聘用另一个新团队，之后再开除新聘用的团队，直到没有人愿意与这部剧或该剧组的演员扯上关系——因为担心这会毁了他们的职业生涯。剧组不开放探班，因为随时可能有人会突然大发脾气，剧组的纷争永无休止。可以说，尽管他们还是成功了，但每个人都不得不忍受这种有毒的工作环境。

我希望我们享受上班的乐趣。我希望我们为自己和彼此创造一些美好的回忆，让我们在二三十年后想起来还能欣然一笑。在电视剧《办公室》（*The Office*）的最后一集，安迪·伯纳德（Andy Bernard）有一句经典台词："我希望，你在离开过去的好时光之前，能享受那段时光。"这一切都从你开始，从你对自己和团队中其他人应该有的期望开始。

我不能定义幸福，也不能强求人们相处融洽，但我可以在伦理和行为举止方面设定一个非常高的标准，我希望团队的每个人在对待彼此的方式上都能达到标准。你们都很有天赋，所以能够入选并成为这个团队的一员，但如果想要取得成功并留下来，天赋和努力各占一半。你们同样有责任确保团队其他人喜欢与你一起工作，并在他们有问题或需要帮助时能获得你的支持。这就是我想要树立的标准。从现在开始，作为团队的一员，你们不需要其他除此之外的行为特征。只需从头脑中抛开所有误区，将它们从你的传统观念系统中移除，然后确定自己如何参与创建友好、包容、有趣的工作环境。

虽然我很赞成正式的培训和你们都必须签署的确认公司政策的承诺书，但我希望你们都能从开始制作的第一天起就直接听取我的意见。没有什么比专业精神、尊重和无私的领导力更重要的了，我希望每天都能在片场看到这些。看看它的效果如何，看看在健康的工作环境中我们涌现了多少生产力和创造力，在这种环境下，你每天都可以发挥最大的潜力——这将帮我们的团队在当下脱颖而出，并帮你们每个人在未来蓬勃发展。

玩得开心，保持轻松，不要把自己看得太重。但最重要的是，确保每个人都感觉到自己在团队中有话语权。我们是一个团队，我们在为了一个作品共同努力；我们是一个团队，当遇到重大的问题，如行为、举止和态度等问题时，可以明智地遵循指导行事。现在各位已经听到了我对你们的期望，对吗？对此，有没有人有任何问题或建议？（没有。）

很好。

　　然后结合我们都接受过的培训，还有签署过的承诺书——在这个承诺书中你需要承诺自己要遵守特定的政策，要明确我们现在的承诺为整个制作季定下了基调。振作起来，每天都带着最好的状态来片场。创造属于我们自己的快乐时光，让我们以后回忆起来也会感到骄傲。

　　说得简单一点，直白一点。在任何环境中，任何领导者做出这样的道德伦理承诺都将大大有利于创造和维护健康的文化和工作环境，每一个人都会引以为豪。只要简单地说出你的承诺，使其成为团队信仰的基础。没有必要把这个问题复杂化。尊重产生责任，责任带来承诺，承诺推动结果。你可以在这个过程中获得无穷的乐趣。

你不想错过的关于职场道德伦理的其他知识

职场道德伦理侧重于你作为领导者、经理或高管在职场可能面临的行为和道德挑战。但是，企业伦理学是一个更广泛的领域，不是平常在办公室或车间随时可见的。因此，下面将对一些更广泛的方面进行快速概述，这同样会让你了解道德伦理在更大的商业背景中的作用。

内幕信息与保密

由于联邦证券法很复杂，违法者将面临刑事处罚，因此有几条关于"内幕交易"和公司机密的重要规定值得分享：

■ 在工作中获得的信息要留在工作中。

- 只有在他人需要知情时才能告知你在工作中获得的信息。

- 防止因疏忽而泄露机密信息。

- 不得根据公众无法获得的"重大"信息（即内幕交易）进行证券交易（通常是股票和债券或其他金融工具）。

- 如有疑问，请咨询你的主管、公司律师或公司合规官。

与新闻媒体的对话

规定：只有官方发言人可以跟媒体谈论公司事宜。

- 除了 CEO 或其他指定的高级管理层人员，只有企业关系部、公共关系部或其他指定内部部门可以与媒体对话。

- 如果你不知道谁是发言人，那就不要发表任何看法。

■ 将所有采访请求转至公司公共关系部或公司
律师。

■ 在公开场合谈论公司业务时要小心，无论是
否会留下记录。

■ 谨慎对待社交聚会中的随意谈话。

■ 清除掉在公司以外的任何演讲或发言。

■ 声明你的观点不代表公司。

■ 如有疑问，请致电你的主管、公司公共关系
部或公司律师。

反垄断与竞争

反垄断法和贸易惯例法旨在维护竞争性经济，
促使自由企业蓬勃发展。这些法律可以保护竞争，
保护消费者，促进和奖励创新。反垄断法很复杂，
处罚也很严厉，所以当出现问题时请务必咨询法律
顾问。

沿着这个思路，加强对与竞争对手关系的认识。例如，禁止操纵价格。这意味着你无权与竞争对手交换销售清单，或试图设定市场价格。只有公司才能根据成本、市场条件和其他因素来决定价格。按照相同的思路，你无权对客户、地区或产品系列进行市场分配。任何此类协议都是非法的。如果你在与同行的会议中涉及了此类谈话，请走出会议室给公司的律师打电话，解释来龙去脉。

报酬和劳动力价格

特别注意："报酬"被认为是"劳动力的价格"。因此，不可与竞争公司联系，进行薪酬调查。调查可以由第三方发布，或聘请顾问进行保密调查，其结果会共享给参与公司。但是，千万不要向竞争公司的联系人发送电子邮件询问："谁能告诉我，你们的工资范围是多少，对一个有三个直接下属的人力资源总监来说，多

少薪酬合适？"，或类似问题。这种电子邮件可能会使你陷入麻烦，因为你实际上是在与竞争对手计算劳动力的价格，有可能违反联邦价格垄断法。

至于客户和供应商，公司可以自由选择与任何一个群体开展业务，或拒绝与任何一个群体开展业务。但是，公司不能以歧视性理由拒绝与某些群体开展业务。任何决定必须是由公司出于合法的商业原因而独立做出的。重要的是：不能与第三方（如竞争对手）同时拒绝同某群体开展业务以排挤第三方企业（如供应商），使其丢掉生意。

此外，反垄断法可能禁止某些类型的长期或独家交易。例如，签署从某一特定经销商处购买所有用品的协议、购买一家公司全部产品的协议、某些互惠交易协议，或者以购买另一种产品为条件销售一种产品（即"搭售"）的协议，这些都可能是非法行为。换言之,你不能与竞争对手合作,使第三方处于不利地位,或与竞争对手达成协议,进行"互利互惠"的销售活动。

最后,若你从事的销售活动可能违反反垄断法,请寻求公司律师的指导。例如,你不能规定转售价格、施加地域限制,或将公司的一种产品与另一种产品捆绑销售。简而言之,你不能在两个及以上竞争客户之间对商品或服务进行区别定价从而减少竞争。

政治捐款

规定:不得不当使用公司资产来贿赂政府官员。

■ 欢迎你出于个人原因进行个人捐款或参与政治活动,但你要明白,公司不会报销你的个人捐款。

■ 公司通常不会提供联邦政治捐款,除非通过自己公司的政治行动委员会（PAC）。

■ 通常情况下，公司的政府事务办公室（OGA），
必须审批所有形式的政治捐款。

■ 征求公司员工向贸易团体或政治行动委员会
捐款的意见时，必须得到该公司政府事务办
公室的批准。同样，将公司的资源捐给慈善
组织也必须得到企业关系部的批准。

慈善捐款

规定：公司的所有慈善捐款，以及与公司业务
有关的慈善活动等内容均需向企业传讯部——汇报
说明。

国际业务与《反海外腐败法》（FCPA）表明，
对于为跨国公司工作的员工来说，你需要了解并遵
守《反海外腐败法》中的某些特定规则。例如，你
们公司的员工或代理人不得出于不正当目的向外国
官员行贿。这种对外国官员的不正当行贿可能包括

对外国官员的商业礼遇或送礼。同样，不得签订任何协议，要求公司履行任何未经美国政府批准的抵制行为。

任何美国公司，若破坏美国政府对某些国家或个人的制裁，同样违法。美国的禁运和贸易限制可能在任何特定时间对其他国家生效。在与美国政府指定的贸易限制或禁运的企业进行任何商业活动前，必须与公司律师讨论。

环境可持续性和企业社会责任

不要忘了商业伦理道德这个关键领域。很多书都会讨论这个话题，因为这个话题涉及多个领域，很难弄清楚应该从哪里开始讲起。如果你在大学里学习社会科学课程，你会了解到联合国的 17 个可持续发展目标：通过实现并解决饥饿、贫困、性别平等、优质教育、清洁饮水和卫生设施，以及体面工作和经济增长等目标，创造一个更好、更公平的世界。在谷歌上快速浏览这些主题，你将看到 21 世纪企业的伦理与可持续发展，在这个世界里，商业成功与全球社区伙伴关系紧密相关。

如你所见，《萨班斯－奥克斯利法案》在更广泛的伦理领域的影响可能深远复杂。只需记住，如有疑问，将问题上报给上级相应的主管。换句话说，一定要把烫手山芋丢给别人，以防出现任何问题。道德伦理离不开透明性，每个企业都依赖披露和审查来解决道德挑战。道德伦理难题应作为一项团队任务来解决。此外，上报问题意味着你一直在做分内的工作，这保护了你的工作，也避免了让你承担个人责任。

职场道德的未来

只要商业世界存在，道德难题就一定会出现。回顾过去几十年，我们面临着股票市场的高位崩盘、大流行病、全球变暖、某些行业和工作岗位被彻底淘汰等。变化仿佛比以往来得更快。虽然我们不知道未来会发生什么，但我们可以紧跟当前的热点问题，它们可能会在不久的将来对我们的企业和职业产生深远的影响。在本书即将结束之际一起看看最后三个引人深思的案例吧。

性别平等

尽管《同工同酬法》（*Equal Pay Act*，1963 年）和《民权法》（1964 年）已经通过了 50 多年，但两性之间的工资不平等问题仍然存在。根据美国劳工统计局（Bureau of Labor Statistics）的数据，女性工资中位数比男性工资中位数低了 24% 左右——女性收入是男性收入的 82%。虽然两性的工资差距自 20 世纪 70 年代后期以来有所缩短（当时是 62%），但它反映出在职场实现完全同工同酬的道路仍十分漫长。黑种人和西班牙裔女性的工资差距甚至更大。做一份同样的工作，当非西班牙裔白种人男子每获得 1 美元收入时，黑种人女性只能获得 64 美分收入，而西班牙裔女性只能获得 56 美分收入。

作为围绕性别薪酬平等的基本原则，《同工同酬法》仍在使用，但最近它找到了新的发展动力。《莉莉·莱德贝特公平薪酬法》（*Lilly Ledbetter Fair Pay Act*，2009 年）修订了工资歧视索赔的诉讼时效。《薪资公平法》（*Paycheck Fairness Act*，2017 年）作为一项修订《公平劳动标准法》（*Fair Labor Standards Act*，1938 年）和为《同工同酬法》（1963 年）引入程序性保护的法案而推出，旨在为基于性别差异的工资歧视受害者提供更有效的补救措施。

随着时间推移，加利福尼亚等州推出了自己的《薪酬公平法》和《同工同酬法》，以加强职场保护的力度和执行强度，包括不允许由于种族和民族歧视而导致的工资差距。2018年，多个州试图模糊"薪酬历史"，禁止雇主在面试过程中询问求职者的过往薪酬，以防新雇主参考上一份工作的薪酬，避免相同岗位上男性和女性的未来薪资长期不一致。

加利福尼亚州是否为美国其他地区树立了榜样？加利福尼亚州做得够吗？你的公司是否会根据经验、教育和业绩客观地评估薪资水平，不考虑性别、种族或族裔呢？同样，每个公司的董事会是否都应该至少有一名女性成员或一名受保护族裔成员？你对这种差异的感受有多强烈，你愿意在多大程度上主动解决公司中存在的这种差异？董事会是否应该为这些问题采取战略举措？

为重刑犯提供工作机会

某些非营利组织专注于改造被定罪的重刑犯，帮助他们在刑期结束后找到工作。由于重刑犯的累犯率（再次犯罪的概率）很高，他们获释后无处可去，非营利组织可以介入，在招人的雇主和最近获释正在寻找工作的重刑犯之间架起桥梁。作为优秀的企业公民，企业是否有责任帮助那些刚刚刑满释放的人？如果是的话，应该做到什么程度，在什么情况下提供帮助？

专注于这一领域的非营利组织协助获释的重刑犯重新融入社会，并帮助他们找到高薪工作和潜在的工作机会。他们教育、培训前重刑犯，培养他们就业市场需要的技能。前重刑犯可以获得担保计划提供的"失信担保"，以帮助他们找到工作，使雇主在考虑聘用有犯罪前科的人时无后顾之忧。非营利组织在向公司推荐前重刑犯时也会强调这点。

但公司会对其进行严格的背景调查和指纹识别，尽量减少职场隐患。在几年前这一运动取得势头之前，雇主们尽其所能避免聘用有犯罪记录的人。在某些情况下，犯罪记录通常被用作禁止就业的理由（尽管雇主必须在就业申请中说明，有犯罪记录不一定会影响就业）。雇主的逻辑一直是，如果一名雇主知道（或应该知道）新员工的背景会对同事构成潜在危险，而若聘用的前重刑犯再次犯罪，公司可能因疏忽聘用或疏忽留用而面临诉讼。

你对这件事有什么看法？公司是否应出于道德和伦理义务聘用有前科的人？你自己的公司会考虑聘请这样的员工吗？上面提到的"失信担保"是否足以说服公司 CEO 或法律事务主管，冒险聘用一个有前科的人？

人工智能

未来会有更多的道德挑战的原因很多，技术的飞速进步便是其中最主要的原因。人工智能会影响职场道德，它比其他事务更能吸引媒体的聚光灯，这是有充分理由的：大多数人力资源高管认为，利用这种技术对企业的成长和发展至关重要，但他们并不知道如何管理数据倾斜带来的"意外后果"。

围绕人力资源人工智能化的道德伦理问题代表了人力资源的未来，但如果处理不当，将造成真正的风险。从招聘到劳动力规划，再到绩效管理，一切都将以这样或那样的形式被人工智能技术所掌握，认知技术、机器学习和机器人流程自动化（RPA）是衡量人力资本作为企业资产的最佳工具。

但是，如果数据倾斜或存在偏见，就可能出现"意外后果"的"阴暗面"，如果雇主疏忽，关于不同影响或不同待遇的事件就可能引起集体诉讼。大多数人力资源从业者没有接受过数据分析评估方面的培训，不知道算法是如何运作的，并报告称其没有技术敏锐度来评估这些新兴的、不断发展的技术。这使企业面对的情况更具挑战性。

- 一家公司报告说，他们希望使用人工智能"提取内部通信数据"来评估员工情绪。人工智能发现了一名员工跟同事抱怨，她觉得自己受到了主管的骚扰。当员工以私密方式进行交流时，公司有什么道德和伦理义务进行干预？

- 一家投资银行公司开发了一种"成功招聘概况"算法——业绩最好的人所拥有的才能与求职跟踪系统（ATS）中的求职岗位进行匹配。所有推荐结果都将女性求职者排除在外。

此外，你还要考虑伦理方面的影响：

- 数据在伦理道德层面上有何作用？
- 雇主如何确保数据的客观性和准确性以及获取途径符合道德标准？
- 人力资源部门如何才能具备持久创新能力和数字化赋能能力，并使其成为自己的核心能力？

　　我们应该明确地认识到人工智能是用于帮助人类丰富积累经验，而不是取代人类的。换句话说，人类分析和人工智能技术应用必须相结合，以确保正在生成的数据没有常识性错误。人工智能并非旨在成为解决我们所有问题的万能钥匙。相反，它应该被视为一种强化工具，用以识别纠正可能被遗漏的问题。拥抱新技术，但要确保你的人力资源团队为其产生的非预期后果做好准备，这要求你重新定义自己采用的标准，使其取得客观的效果。

　　换言之，不能让人工智能替我们做决定，不能助长我们对其的依赖性；这就要求我们要提高人类自身的技能，帮助我们自己成为独立的道德决策者。而且还要确保我们不会成为所谓的去道德化的受害者，即人类将决策能力委托给技术，从而削弱了他们做出符合道德要求的决定的能力。伦理没有自动运行模式，无论是依靠技术帮助管理公司人才，还是辨别真假新闻，都需要人亲力亲为。知识得不到应用就会丢失价值，道德的发展需要实践。道德的"肌肉"必须经过长期的磨炼才能更加强健，绝不能轻易地交给一台机器，无论这种方案的前景有多么大的诱惑力。这三大问题中的每一个都值得深入研究。请记住，只要人类试图走捷径、图侥幸，就难免陷入道德困境。

道德挑战可能对你的企业及你个人的工作及职业发展产生潜在影响，希望本书有助于提高你对这一点的认识。你对自己最大的投资在于遵守道德伦理，为自己树立起遵守道德伦理规范的商业领袖的美誉。让伦理成为你领导品牌的主要驱动力，其他一切也一定会自行调整、落实到位。感谢你给我机会，允许我与你一起度过这次阅读之旅，让你感受到在你的职业生涯中无私、有道德的领导力会为你带来的诸多好处与机会。从现在开始，你要运用从本书中学到的智慧，你要从伦理和道德方面培养那些追随你脚步的领导者。

致谢

我要衷心感谢洛杉矶洛约拉马利蒙特大学商业伦理与可持续发展研究所所长杰弗里·泰斯（Jeffrey Thies）教授，感谢他的详细指导和建议，帮助我确定和探索职场伦理道德背后的关键问题和驱动因素。还要感谢一对杰出的法律搭档，他们无私地付出了时间和精力，参与了本书的部分内容的选材，他们是亚当·罗森塔尔（Adam Rosenthal），合伙人、劳动法律师、作家、人力资源法与合规性讲师；克里斯汀·霍什（Kristin Housh），合伙人、商业和证券法诉讼律师。二人均在谢泼德·穆林·里希特和汉普顿律师事务所工作。

这本书能够出版，离不开各位在时间上和精力上的无私付出，本人在此表示衷心感谢。